Alles hat seinen Preis

Mein aufrichtiger Dank gilt
Gisela Nehrbaß
Ohne ihre Beteiligung und Motivation,
wäre dieses Buch nicht entstanden

Nicole Wendschuh
Für die Satz- und Covergestaltung

Gil Koebberling
Für das Lektorat

Ernst Crameri

Alles hat seinen Preis

Welchen Preis sind Sie bereit, zu bezahlen?

Aufwachen und das Leben jetzt gestalten

Bibliografische Informatic … tschen Nationalbibliothek
Die Deutsche Nationalbib … zeichnet diese Publikation
in der Deutschen Nationalbibliogr … ierte bibliografische Daten sind im
Internet über htt … -nb.de abrufbar.

FSC
www.fsc.org
MIX
Papier aus verantwortungsvollen Quellen
Paper from responsible sources
FSC® C105338

1. Auflage
Ernst Crameri
Crameri-Naturkosmetik GmbH Beauty&Wellness

ISBN: 978-3-86689-020-6

Inhaltsverzeichnis

Vorwort

Liebe Leser,

klasse, dass Sie sich dieses Buch gekauft haben. Es zeigt, dass Sie großes Interesse an Ihrem Leben haben und bereit sind, Änderungen herbeizuführen. Dies ist ein wichtiger Aspekt, endlich aus der passiven Wartehaltung in die Welt hinauszutreten, hundertprozentig nach seinen Fähigkeiten zu leben und diese umzusetzen. Wir haben alle bestimmte Aufgaben und die dazu passenden Fähigkeiten mitbekommen. Diese gilt es zum Wohle aller umzusetzen, lautet die Botschaft. Das ist der Aspekt, den die meisten vergessen. Die berühmte Ich-Bezogenheit ist leider eine fatale Einstellung.

„Möchten Sie gerne Erfolg haben?“ Auf diese Frage antworten fast alle „Ja natürlich, was denn sonst!“ „Klasse und was sind Sie bereit dafür zu tun?“ „Alles“ ist jeweils die erste Aussage. Bei näherem Hinterfragen wird das Ganze relativiert und es bleibt oft kaum etwas übrig. Das ist schade, denn dadurch verpassen viele die ersten guten Augenblicke, um zu starten. Von nichts kommt nichts, das ist nach wie vor eine uralte Weisheit. Wer viel erreichen möchte, muss viel tun, um dahin zu gelangen. Wer weniger möchte, kann weniger tun. Ein völlig normaler Ausgleich und einfach zu verstehen. Exakt hier fangen jedoch für einige die Schwierigkeiten an.

Haben möchten die meisten alles. Das ist doch wunderbar, denn es ist das Grundrecht von jedem einzelnen „Reich“ zu sein. Dass man dafür aber etwas tun muss, ist den meisten leider nicht bewusst. Da wird lieber von Glück gesprochen und von Ungerechtigkeit. So gibt es einige wenige, die in ihrem Leben viel Glück hatten und auf der anderen Seite steht man selbst, mit häufig viel Pech. Ach, was ist das Leben so ungerecht. Damit hat man sein Schicksal bereits besiegelt.

Das nennt man auch die berühmten „selbsterfüllenden Prophezeiungen!“ Höre endlich auf mit dem negativen Müll.

Kommen Sie aus dem Dilemma heraus. Sie haben es in Ihrer Hand und können eine gigantische Meisterleistung, mit dem dazu passenden Erfolg an den Tag legen. Wie klasse, wenn man weiß, was man tut, sich des Einsatzes bewusst ist und den entsprechenden Preis bezahlt. Alles ist für den möglich, der tatsächlich möchte. Ihnen steht die Welt offen, Sie müssen nur zupacken und nie mehr warten.

Spannende Seiten warten auf Sie. Unterhaltend, nachdenklich machend, inspirierend, beflügelnd, sodass Sie loslegen - wenn Sie es wirklich wollen. Denn daran liegt es, an Ihrer Entscheidung ob „Ja oder Nein.“ Ich finde es ein wunderbares Geschenk, welches wir erhalten haben. Zuzüglich bekommen wir jeden Tag eine neue Chance. Immer um Mitternacht, das heißt, eine Sekunde danach bekommen wir neue 24 Stunden geschenkt. Ohne hierfür überhaupt etwas tun zu müssen. Dann obliegt es jedem selbst, was er daraus macht.

Ich wünsche Ihnen mit dem Buch wunderbare, inspirierende Stunden, auf Ihrem neuen Lebensweg. Zu dem Leben, welches Ihnen vorschwebt. Es hängt von Ihnen ab, ausschließlich von Ihnen, auch wenn einige etwas anderes behaupten. Glauben Sie daran, genauso wie es in der Bibel steht, und versetzen Sie Berge. Ihre Zufriedenheit und Ihr Glück ist Ihnen gewiss.

Herzlichst

Ihr Ernst Crameri

Das Buch ist gewidmet

All den großartigen Menschen, die weitaus mehr aus ihren Fähigkeiten machen könnten, wenn sie endlich das Prinzip verstehen würden, wie es funktioniert. Viele Leute betrachten das Leben als eine komplizierte Angelegenheit. Gerne wird das Schicksal mit einbezogen und man schiebt die eigene Erfolgslosigkeit, die Probleme darauf, dass man doch auf machtlosem Posten steht.

Solch eine Einstellung ist fatal und dient niemals einem selbstbestimmten Leben. Dadurch gelangt man auf schnellstem Wege in die Abhängigkeit. Genau dies gilt es unter allen Umständen zu verhindern. Verantwortung für sich selbst zu übernehmen, für alles geradezustehen und eine gigantische Meisterleistung an den Tag zu legen, ist ein absolutes „Muss."

Nie mehr zu warten, auf dass sich die Dinge von selbst erledigen, denn das tun sie nicht, sondern aktiv sein Leben buchstäblich in die eigenen Hände zu nehmen.

„Wer wartet, hat bereits im Vorfeld verloren!"

Das ist traurig, um nicht zu sagen fatal, durch solch ein Manko zu den ewigen Verlierern zu gehören. Erfolgreiche unterscheiden sich in einigen bestimmten Eigenschaften. Durch diese gelangen sie zum fortlaufenden Erfolg.

Je schneller Sie sich diese Erfolgs-Eigenschaften angewöhnen, und permanent wiederholen, desto leichter gleiten Sie durch Ihr Leben. Ist das nicht gigantisch? Fangen Sie täglich an zu trainieren, immer und immer wieder aufs Neue, dadurch gelangen Sie zum Erfolg.

Mit Erfolg ein Buch lesen

Es gibt viele Arten, ein Buch zu lesen. Wenn es jedoch etwas bewirken soll, ist die Vorgehensweise eine andere. Es gibt Techniken, diese angewandt, erleichtert es das Aufnehmen und die Big Points werden ein Teil von Ihnen. Letztlich geht es exakt um den Punkt. Was nützt es, das Buch einmal zu lesen, Aha-Effekte zu haben und danach kehrt schnell der Alltag wieder ein. Ohne, dass eine Veränderung zum Tragen kommt. Das Gelesene ist innerhalb kürzester Zeit vergessen. Dadurch wird sich nichts in Ihrem Alltag verändern.

Haben Sie einen Bleistift oder einen Kugelschreiber zur Hand

Jede Buchseite teilen Sie in zwei Hälften. Lesen Sie stets bis zur Mitte einer Seite, danach halten Sie inne und überlegen sich, welche Erkenntnisse Sie daraus gewonnen haben, was für Sie wichtig ist. Diese sogenannten Merksätze schreiben Sie in das obere weiße Feld der Seite. Ebenso verfahren Sie mit der zweiten Hälfte. Dadurch gelangen Sie zu wertvollen Merksätzen.

Am Ende des Kapitels fassen Sie die für Sie fünf wichtigsten Sätze zusammen. Am Schluss des Buches reduzieren Sie es auf die fünf dringlichsten Merksätze. Dadurch haben Sie die berühmte Quintessenz aus dem Buch für sich gepachtet, sofort die wichtigsten Merksätze zur Hand. So können Sie, ohne lange zu suchen, Ihre Quintessenz nachlesen.

Arbeiten Sie mit Leuchtmarker

Beim Lesen und Bearbeiten gelangen Sie teilweise zu den berühmten Kicks. Diese markieren Sie am besten sofort mit einem Leuchtmarker. Wenn Sie derart vorgehen, werden Sie sich den Inhalt wesentlich leichter merken und diesen zu einem Teil Ihres Lebens machen. Um das geht es explizit, denn nur daraus kann Wachstum entstehen. Diesen benötigen wir, um in unserem Leben neue Wege zu beschreiten und auch das Glück zu pachten.

Einmal ist natürlich keinmal

Dies ist eine uralte Weisheit, die immer noch ihre Gültigkeit hat. Bis sich die neuen Punkte manifestiert haben, bedarf es in der Regel 200 Wiederholungen, bis es in Fleisch und Blut übergegangen ist. Hier haben sich kleine Karteikärtchen bewährt, welche man in der Buchhandlung oder über das Internet günstig beziehen kann. Darauf halten Sie jeweils die Merksätze fest. Diese Kärtchen stecken Sie in Ihre Brieftasche, den Geldbeutel, die Handtasche, die Hosentasche und weitere Einsteckfächer. Was passiert dadurch?

- Sie greifen in die Hosentasche — Oh, meine Merksätze!
- Sie greifen in die Handtasche — Oh, meine Merksätze!
- Sie holen Ihre Geldbörse — Oh, meine Merksätze!
- Sie holen Ihren Timer — Oh, meine Merksätze!

Sie werden ständig daran erinnert und wie bereits oben erwähnt, liegt in der Wiederholung die Kraft.

Verteilen Sie überall kleine Plakate

Dies ist eine zusätzliche Hilfe. Im Büro, im Auto, in der Küche, im Schlafzimmer, im Bad und so weiter. Dadurch werden Sie jedes Mal an die wichtigen Leit- und Merksätze erinnert. Das hilft Ihnen, sich auf das Wesentliche zu konditionieren, nicht abzuschweifen. Nur durch die ständig wiederkehrenden Wiederholungen haben wir die Chance, Wesentliches in unserem Leben zu verändern. Denn die Macht des Alltags, unsere Komfortzone und unser innerer Schweinehund machen uns sonst unverzüglich einen Strich durch die Rechnung. Ziemlich schnell ist man wieder im alten Fahrwasser.

Lesen Sie die Sätze laut vor

Wann immer die Möglichkeit besteht, lesen Sie die Sätze laut und deutlich. Lassen Sie sich bitte davon nicht abbringen. Auch wenn Ihnen das womöglich etwas blöd vorkommen mag. Je öfter Sie es laut wiederholen, desto tiefer prägt es sich ein. Durch das laute Vorlesen haben Sie erneut eine optimale Rückkoppelung. Übers Sprechen müssen Sie sich mehr konzentrieren und Sie hören es laut und deutlich. Das ist die optimale Vorgehensweise, um richtig zügig voranzukommen.

Beantworten Sie die Fragen

In diesem Buch finden Sie zu den verschiedensten Themen einige Fragen mit dem Hintergrund, dass Sie sich intensiv mit sich selbst beschäftigen, auseinandersetzen und zu klaren Entscheidungen gelangen. Deswegen meine Bitte an Sie, beantworten Sie die Fragen sofort, und verschieben diese Aufgabe nicht auf später, das wird dann in der Regel nichts mehr. Das kennen Sie sicherlich aus Ihrem bisherigen Leben. Die Beantwortung der Fragen ist wichtig, denn die Selbsterkenntnis ist für eine Veränderung in Ihrem Leben nötig. Die Dinge begreifen zu können und unverzüglich an die Umsetzung zu gehen, bringt Sie Ihrem Ziel ein großes Stück näher.

Das ist nicht nur ein Lese-, sondern ein reines Arbeitsbuch

Wenn man im Leben einiges zum Positiven verändern möchte, verlangt es eine immense Disziplin und ein eisernes Durchhaltevermögen. Das heißt, permanent dran bleiben und darauf zu achten, dass eines nach dem anderen konsequent erledigt wird, ohne lange zu überlegen. Lassen Sie sich von niemandem beirren oder aufhalten. Denn Neider gibt es genug auf Ihrem Weg, die Ihnen den Erfolg nicht gönnen. Dieses Buch ist ein reines Arbeitsbuch, in dem Sie Ihre dringlichen Punkte schriftlich festhalten. Dadurch können Sie Ihre Erkenntnisse jederzeit nachlesen. Keine Unterhaltungslektüre, welche man gemütlich liest und danach in das Bücherregal stellt.

Hinterfragen Sie stets

Fragen helfen uns, den wahren Kern zu finden, wenn man diese ehrlich beantwortet und sich nicht selbst bemogelt. In medias res zu gehen, ist ein wichtiger Prozess, der uns hilft, mit uns ins Reine zu kommen. Das Ziel ist eindeutig, in seiner Mitte stehen zu können. Dadurch eine gigantische Meisterleistung an den Tag zu legen, sodass Sie unendlich stolz auf sich sein können. Da müssen Sie Tag für Tag hinkommen. Dazu braucht es tägliches, intensives Training

„Ohne Wenn und Aber!"

Gelangen Sie dadurch in den berühmten Flow, in die sogenannte Leichtigkeit des Seins. Wo es uns wirklich leicht fällt, uns dabei glücklich und zufrieden schätzen dürfen. Allerdings ist der Weg dorthin ein Prozess, für den wir etwas tun müssen und kein Geschenk des Himmels, wie viele meinen. Dieser Zustand will täglich erarbeitet sein, doch es lohnt sich.

Verschieben Sie nie mehr etwas

Ich bin mir sicher, Sie kennen diese furchtbare Eigenschaft, welche uns immer wieder befällt. Jetzt nicht, morgen, übermorgen oder irgendwann werde ich es endlich erledigen. Dann ist morgen und schon kommt das alte Programm hoch „Nein heute schaffe ich es auf gar keinen Fall, aber morgen werde ich es hundertprozentig erledigen!" So vergehen viele Tage, Wochen, Monate und sogar Jahre, aber es geschieht überhaupt nichts. Man schiebt diese Lasten vor sich her. Im Laufe der Zeit vergisst man sogar manches, auch was man sehr gerne getan hätte. Einem Spaß und Freude bereitet hätte, das ist schade und traurig. Es ist unsere kostbare Lebenszeit, welche dadurch unnötig kaputt gemacht wird, diese Zeit ist verloren.

Was du heute kannst besorgen, verschiebe nicht auf morgen

Das sagt uns der Volksmund und dies ist kein blöder Spruch. Es liegt unendlich viel Wahrheit in dieser Aussage. Ich durfte mich fast mein gesamtes Leben lang da einreihen, war ein wahrer Meister der Verschieberitis. Habe vieles ausgesessen, verdrängt, in der Hoffnung, dass es sich von alleine erledigen wird. Die medizinisch Gebildeten wissen, dass die Endung „itis" Entzündung bedeutet. Entzündungen, die nicht behoben werden, tendieren dazu chronisch zu werden, das heißt, es können schwere nicht heilbare Erkrankungen daraus entstehen. Das ist kein schöner Zustand und bedeutet für Sie und Ihren Körper unnötigen Stress. Muss das tatsächlich sein?

Schreiben Sie jeden Gedanken auf

Das ist eine wunderbare und rasche Hilfe. Halten Sie alles fest, schwarz auf weiß, dadurch geht nichts verloren. Denn Gedanken sind wie fliegende Fische. Man sieht sie kurz aus dem Wasser auftauchen, und wenn man sie nicht sofort festhält, sind sie für alle ewigen Zeiten in der Tiefe des Wassers verschwunden, das ist schade. In die Schriftlichkeit zu gehen, fällt den meisten Menschen relativ schwer. Dabei ist es eine reine Übungssache. Am Anfang ist es kompliziert und man ist überzeugt, den Gedanken auch so festhalten zu können. Sie kennen es sicherlich aus eigener Erfahrung, später sucht man krampfhaft danach und oft ist er nicht mehr vorhanden. Das darf Ihnen auf dem Weg zu Ihrem persönlichen Erfolg niemals mehr passieren.

Die 0 Stunden Regel

Es gibt eine wunderbare Erfolgsregel, die lautet „Fange immer innerhalb von 0 Stunden an, das heißt sofort!“ Dies ist für viele Menschen die reinste Katastrophe. Das Tempo macht den meisten Angst und da wollen sie es lieber gemütlicher angehen lassen. Aber was zu lange dauert, wird nicht gut, sondern löst sich schnell in Luft auf. Deshalb liegen auf den Friedhöfen viele unerkannte Genies, weil sie es zeitlebens vergessen und verpasst haben anzufangen, ist das nicht sehr traurig?

Den Schnellen gehört die Welt

Das ist ein uralte und bekannte Tatsache. Wer rasend schnell unterwegs ist, macht das Rennen. Bei dieser Aussage höre ich auf meinen Schulungen und Seminaren häufig, genauso wie beim Erfolgs-Coaching „Dass man dadurch kein vernünftiges Leben führen kann!“ Das ist ein Blödsinn, natürlich kann man das, es ist schlussendlich die hohe Kunst der berühmten „Work-Life-Balance!“ Arbeiten und leben in einem gesunden Gleichgewicht zu halten, will erlernt sein.

Wer zu lange wartet, den fressen die Zweifel auf

Sie kennen das Phänomen, Sie haben einen Gedanken, den finden Sie super, haben ein gutes Gefühl und möchten es unbedingt erreichen. Plötzlich beschleichen Sie leise, komische Gefühle. Ihnen wird es unwohl dabei und je mehr Sie es zulassen, desto blockierter werden Sie, schon hat es sich ausgespielt. Womöglich fragen Sie noch andere Menschen um ihre Meinung, das ist sträflich.

Sie fragen andere

Selbst ein wenig unsicher unterwegs, fragen Sie andere Spezialisten und das Drama nimmt seinen unaufhaltsamen Lauf. Meistens fragen wir Menschen, aus dem nächsten Umfeld. Deren Hauptanliegen und zugleich Angst ist, dass wir uns verändern könnten. Wenn wir uns verändern, wären wir für sie nicht mehr kalkulierbar. Das möchten sie auf keinen Fall und deswegen geht es bereits in der ersten Runde los, dass man Ihnen davon abrät. Womöglich werden Ihre bereits gehegten Bedenken zusätzlich geschürt.

Gute Ideen werden zu Grabe getragen

Das finde ich schlimm, dass man sich so schnell von den eigenen Vorhaben abbringen lässt, dies ist nicht gut und fast tragisch. Jede Idee und jeder Gedanke ist es wert, dass man ihn verfolgt und für dessen Verwirklichung sorgt. Denn wer aufgibt, hat verloren. Lieben Sie es tatsächlich, zu den Verlierern zu gehören? Ich kann es mir nicht vorstellen, das ist eine unangenehme und zugleich auch komische Position.

Setzen Sie die Dinge um

Diese Botschaft kann ich Ihnen mit ganzem Herzen rüber bringen. Setzen Sie es um, das ist wichtig. Ich könnte in meinem Leben schon weitaus mehr bewegt haben, wenn ich frühzeitig damit angefangen hätte. Leider habe ich mich durch etliche Dinge abhalten lassen, das war dumm und töricht. Jetzt kann ich rückwirkend nichts mehr daran ändern, was vorbei ist – ist vorbei. Ich kann aber darauf achten, dass es mir ab heute niemals wieder passiert.

Holen Sie sich kompetente Hilfe

Das ist eine weitere Empfehlung von meiner Seite. Holen Sie sich kompetente Hilfe von erfolgreichen Menschen, die den Weg des Erfolges bereits gegangen sind. Diese sind imstande, Sie optimal zu beraten und zu unterstützen. Sie haben auch kein Interesse, Sie klein und dumm halten zu wollen. Leider ist die Welt bestückt mit unendlich vielen Nelei-Menschen.

Die negative Lebenseinstellung macht alles kaputt

Solange man selbst mitten drin steckt, fällt es einem überhaupt nicht auf. Erst wenn man den Weg eines Polei-Menschen geht und sich mit anderen Menschen, mit positiver Lebenseinstellung abgibt, sieht man wie viele Menschen und das sind fast 98%, eine negative Grundeinstellung ihr eigen nennen. Was wollen Sie von diesen Menschen lernen? Was können die Ihnen beibringen? Die Antwort darauf dürfen Sie sich selbst geben.

Negatives blockiert

Wenn Sie selbst negativ eingestellt sind und sich mit solchen Menschen abgeben, bezahlen Sie einen relativ hohen Preis dafür. Mit Blockaden kann man gar nichts erreichen. Ich wünsche Ihnen von ganzem Herzen, dass Sie die Kraft und zugleich die Erkenntnis haben, endlich eine dauerhafte Änderung einzuleiten.

Erfolg zieht Erfolg nach sich

Ich finde das spannend und wissen Sie, was das Geniale daran ist? Sie können es überhaupt nicht verhindern. Wie lautet die Erfolgsformel **„Konsequenz mit System, führt zwangsläufig zum Erfolg!"** Wenn Sie sich dem Erfolg verschrieben haben, nimmt alles seinen Lauf. Die Dynamik, welche daraus entsteht, wird immer größer und größer. Ein Traum, welcher wahr wird. Sie werden es des Öfteren staunend, nahezu fassungslos wahrnehmen.

Welchen Preis möchten Sie lieber bezahlen

Den Preis des Erfolges oder lieber des Misserfolges? Das ist doch logisch, höre ich meist auf diese Frage. Wirklich logisch? Klar möchten viele Erfolg, aber möglichst nichts bezahlen. In der Umsetzung klemmt es häufig. Um zum Erfolg zu gelangen, sind bestimmte Dinge, in der richtigen Reihenfolge, mit einer eisernen Konsequenz zu tun. Es ist keine Frage der Lust oder Unlust, es ist einfach zu tun.

Wie beim Eiskunstlaufen, Pflicht und Kür wechseln sich ab

Ich nehme gerne das Beispiel des Eiskunstlaufens. Es gibt zwei Teile, die Pflicht und die Kür. Die Pflicht mögen die meisten Menschen nicht sonderlich. Es ist jedoch zu tun, ob man Lust hat oder nicht. Die Kür ist das freie Stück, das Pendant, wenn Sie zum Erfolg gelangt sind. Aber bis dahin gibt es etliche Pflichtstücke zu absolvieren.

Erfolg oder Misserfolg sind wie ein Magnetismus

Sie ziehen es förmlich an, haben durch Ihre Einstellung die Wahl. Egal, ob diese positiv oder negativ ist. Jeden Tag können Sie neu wählen, wie es laufen soll. Das finde ich faszinierend, dass wir das Glück haben, als einzige Lebewesen auf dieser Erde, frei zu wählen. Keiner kann uns daran hindern, außer wir selbst, ist das nicht genial? Ihre Aufgabe ist es eine Entscheidung zu treffen, für oder gegen den Erfolg, mit allen daraus resultierenden Aufgaben und Konsequenzen.

Das glaube ich nicht

Diese Aussage höre ich immer wieder. Nun denn, es steht bereits in der Bibel geschrieben und kann jederzeit nachgelesen werden

„Euch geschehe nach eurem Glauben!"

Aus diesem Grunde wäre ich ein wenig vorsichtig, mit dem was ich glaube und was nicht. Überprüfen Sie erneut Ihre Glaubensstrukturen, genauso wie Ihre Kommunikationsform. Ist diese eher positiver oder negativer Natur? Was denken Sie den lieben langen Tag, was geht in Ihnen vor?

Geben Sie sich die Chance

Geben Sie sich die Chance, ein Kunststück aus Ihrem Leben zu machen, versagen Sie es sich nicht. Das haben Sie nicht verdient, dass Sie sich das vorbehalten, dies dürfen Sie niemals zulassen. Sprengen Sie klar die Grenzen. Entfesseln Sie sich von allem, was Sie jemals gehört, erlebt und gelesen haben. Es geht schließlich um das Kostbarste was Sie haben, um Ihr Leben und dieses ist zeitlich stark limitiert.

Die Macht der Gewohnheit

Genau davor sollten Sie sich fürchten und in acht nehmen. Gewohnheiten sind schlimm, denn es sind nebst den negativen Menschen die natürlichen Feinde, die uns das Leben unnötig schwer machen und uns behindern. Sie sind vorhanden und meistens im ungünstigen Augenblick kommen sie zum Tragen, sabotieren unser Vorhaben, das macht es nicht leichter. Wie heißt jedoch die entsprechende Devise „Gefahr erkannt = Gefahr gebannt" genau das ist der entscheidende Moment. Wenn man es weiß, kann man sich dementsprechend danach richten und aufpassen.

Wir alle haben eine Vergangenheit

Diese lässt sich nicht leugnen, sie ist permanent vorhanden und bereitet uns manche Sorgen. Mal stärker, mal schwächer treibt sie ihr Unwesen. Das Schlimmste, was einem Menschen passieren kann, sind die alten Muster. Man nennt dies auch die Prägungen. Je länger etwas gedauert hat, desto komplexer ist das Thema. Kommt noch Gefühl mit dazu, wird es oft fast unmöglich einen neuen Weg zu finden, um aus dem Dilemma auszubrechen. Das ist jedoch notwendig, denn wer immer nur das tut, was er bisher getan hat, wird auch immer nur das Gleiche ernten.

Wenn Sie merken, dass es klemmt

Wenn neue Unternehmungen nicht richtig greifen, Sie nicht weiter vorankommen, sollten Sie Ihre Gewohnheiten überprüfen. In fast allen Fällen sind es diese, die einen Fortschritt unmöglich machen. Sie sind zu tief verankert und treiben von dort aus ihr Unwesen. Wenn Sie keine klaren Visionen und kein großes Durchhaltevermögen an den Tag legen, sind Sie ruckzuck wieder im alten Fahrwasser, so schnell können Sie nicht schauen.

Fixieren Sie Ihre Gewohnheiten

Bitte gehen Sie in die Schriftlichkeit, halten Sie alles schwarz auf weiß fest. Die Gewohnheiten beim Namen zu nennen, damit diese niemals wieder ihren Unfug in Ihrem Unterbewusstsein treiben können. Klar beim Namen genannt, schriftlich fixiert, haben Sie diese damit geistig festgenagelt. Das erleichtert es uns um ein Vielfaches, professionell damit umzugehen. Tun Sie es sofort und bitte nicht als Blödsinn abstempeln. Schreiben Sie jetzt unverzüglich alles auf, verschieben Sie es nicht, denn für solch wichtigen Dinge darf es kein morgen geben.

Ihre Gewohnheiten	**Wieso**	**Seit wann**
1.) ______________________	________________	______________
2.) ______________________	________________	______________
3.) ______________________	________________	______________
4.) ______________________	________________	______________
5.) ______________________	________________	______________
6.) ______________________	________________	______________
7.) ______________________	________________	______________
8.) ______________________	________________	______________
9.) ______________________	________________	______________
10.) _____________________	________________	______________

Wenn Sie Ihre Gewohnheiten durchlesen, was haben Sie dabei für ein Gefühl, wie geht es Ihnen? Oft ist man erschrocken, wenn man die berühmten alten Gamellen entdeckt, die zum Tragen kommen. Gut möglich, dass es Ihnen das erste Mal in Ihrem Leben richtig bewusst wurde, was das zu bedeuten hat. Als ich mich intensiv damit beschäftigt habe, ist mir einiges klar geworden, wo manches Handicap herkommt und wieso eine selbst verursachte Störung daraus entstanden ist. Viele Menschen wundern sich, wieso sie in ihrem Leben nicht weiterkommen und andere anscheinend ohne Probleme, von Erfolg zu Erfolg eilen.

Der Grund ist, Erfolgreiche haben das bessere Timing, die Schwerkraft der ewigen Behinderungen sind überwunden. Wohl wissend, dass man jederzeit wieder zurückfallen kann, bleiben sie intensiv im Training, um da nie wieder hinzugelangen. Das Gleiche können Sie auch tun, das heute ist der erste Schritt dazu. Weitere folgen und eines Tages wird für Sie alles zur reinen Selbstverständlichkeit. Nachfolgend reduzieren Sie bitte das Ganze auf Ihre drei wichtigsten Bereiche, welche Sie permanent behindern.

Ihre Gewohnheiten	**Wieso**	**Seit wann**
1.) ____________________	______________	____________
2.) ____________________	______________	____________
3.) ____________________	______________	____________

Letztlich gibt es immer einige Handicaps, die am stärksten zum Tragen kommen. Wenn wir diese fixiert haben, können wir sie leichter erkennen und eliminieren. Niemals dürfen wir zulassen, dass sie noch einmal überhand in unserem Leben nehmen. Wir dürfen ihnen überhaupt keinen Raum gewähren. Sie gehören verbannt und dies für alle Zeiten. Wenn Sie jetzt Ihre drei Positionen anschauen, wie geht es Ihnen? Wie fühlen Sie sich? Durchströmt

Sie ein wunderbares Glücksgefühl oder eine gewisse Traurigkeit? Ich werde öfters gefragt, was besser ist? Dazu gibt es keine passende Antwort. Wichtig ist, dass es Ihnen gut geht. Sie sich hundertprozentig wohlfühlen und darin aufgehen. Wenn das passiert, haben Sie gewonnen. Jetzt reduzieren Sie es auf Ihren stärksten Part. Was ist jeweils diesbezüglich der Hammer?

Ihre Hauptgewohnheit	**Wieso**	**Seit wann?**
1.) ______________________	________________	______________

Es gibt immer einen dringlichsten Punkt, den gilt es herauszukristallisieren. Wenn wir überall gleichzeitig angreifen, schaffen wir es nicht. Wir konzentrieren uns dabei auf den einen wichtigen Punkt, da greifen wir an. Ich vergleiche das mit dem sogenannten Dominoeffekt. Sie kennen es, den richtigen Stein angetippt und schon fallen alle anderen in einem Wahnsinns-Tempo um.

Ihr Fazit: ____

Wieso haben Sie das Buch gekauft

Es ist ein wichtiger Akt, bei allem was Sie tun, sich stets zu hinterfragen, was Ihre Motivation ist, es zu tun. Ist es ein kleiner Wunsch oder ein Herzenswunsch? Wieso setzen Sie sich überhaupt in Bewegung? In diesem Falle, wieso haben Sie das Buch gekauft und was wollen Sie damit erreichen? Hat Sie die Überschrift oder das Cover angesprochen? Benötigen Sie Denkanstöße, haben gezielt nach einem Lebenshilfebuch gesucht? Je klarer die Ziele sind, desto besser können wir uns darauf konzentrieren und sie zugleich erreichen. Das geht aber nicht „en passant“ (im Vorbeigehen) wie die Franzosen treffend sagen, sondern das Ganze dauert seine Zeit und dies erfordert etwas Geduld.

Die Sinnhaftigkeit ist von Bedeutung

Wenn man sich daran gewöhnt, sich nach dem Sinn zu hinterfragen, bekommt das eigene Leben eine völlig neue Dynamik. Darum geht es, um überhaupt richtig Großes bewegen zu können, zum Erfolg zu gelangen. Das ist spannend und aufregend zugleich. Was hat Sie explizit angesprochen und was werden Sie mit dem Gelesenen anfangen und umsetzen? Sie wissen doch, nur angewandtes Wissen führt zum Erfolg und damit zur Krönung des menschlichen Lebens.

To be or not to be

Das ist die große, um nicht zu sagen die größte und allerwichtigste Frage, die wir uns Tag für Tag stellen sollten.

„Sein oder nicht sein!“

Natürlich sind wir, das ist keine Frage. Vielmehr geht es darum, wie sehr wir sind? Etwas oder 1000%ig. Führen wir wirklich das selbstbestimmte Leben, von dem wir schon immer geträumt haben? Ist es auch erstrebenswert für uns? Oder sind wir letztlich nur eine Marionette in dem gesamten Spiel? Werden wir oder lassen wir uns immer noch weiter manipulieren? Leben wir uns hundertprozentig und sind in der Spur, in der richtigen Richtung, vielleicht sogar im Flow? In der sogenannten Leichtigkeit des Seins? Ich wünsche es Ihnen von Herzen, dass Sie den richtigen Weg für sich gefunden haben und diesen konsequent verfolgen, ohne nach rechts und links zu schauen. Damit sind Sie ein Stück weiter auf dem Weg zum Erfolg, zu Ihrem Leben.

Wenn es Ihnen nicht gefällt

Das kann passieren, mir passiert es öfters. Das kommt daher, weil ich eine Leseratte bin. Plötzlich halte ich ein Buch in der Hand, welches beim Lesen doch nicht meinen Vorstellungen entspricht. Was mache ich damit? Es gibt natürlich mehrere Möglichkeiten. Ich möchte gerne mit Ihnen darüber sprechen, dass Sie sich nicht unnötig blockieren, denn das Leben und vor allem Ihr Leben soll positiv weitergehen, ohne Blockaden, doch lesen Sie selbst.

Wir kaufen das Buch, weil uns der Titel oder Klappentext zusagt

Dann kommt der Moment, wo wir das Buch in der Hand halten. Man fängt an zu lesen und merkt, irgendetwas stimmt nicht. Es klemmt beim Lesen, man kommt nicht richtig voran und die berühmte Lust alles auf einmal zu lesen, stellt sich leider nicht ein. Dies ist ein eindeutiges Zeichen, dass die Chemie zwischen Leser und Autor nicht stimmig ist.

Jetzt haben Sie Geld ausgegeben und es passt nicht

Ich wundere mich über einige, die sich dabei echauffieren und den Autor beschimpfen. Um dem Ganzen nachhalt zu verschaffen, werden Briefe geschrieben und Rezensionen. Man möchte schließlich sein Empfinden los werden. Ich weiß meine Zeit wesentlich sinnvoller zu nutzen, als über ein Buch herzufallen, welches mir womöglich nicht gefällt. Denn mit dem Verhalten werde ich eh nichts ändern. Das Buch ist geschrieben und auf dem Markt. Da wird meine Rezension nichts mehr verhindern können.

Verlieren Sie keine Zeit

Wir haben alle nur eine beschränkte Lebenszeit auf Erden. Da gilt es, keine unnötige Zeit zu verlieren. Für mich ist erstaunlich, wie viel davon mit Ärger vergeudet wird. Auch ich durfte mich dazu zu zählen. Es gibt wohl nichts, über das man sich nicht trefflich ärgern könnte. Aber was bringt es? Mir persönlich bestimmt nichts, denn der eigene Ärger macht uns nur unnötig sauer, wenn ich mir solche Muster öfters gebe, sogar krank. Das sollte man sich niemals antun, kein Lebewesen auf der Erde würde derart handeln, wie es der Mensch tut.

Ich verschenke das Buch, werfe es weg oder bewahre es auf

Ich habe alle drei Varianten ausprobiert und für mich keinen einzigen Favoriten gefunden. Wenn ich das Buch verschenke, kann ich unter Umständen einem anderen Freude bereiten, das ist gut. Es hätte den Vorteil gegenüber dem Wegwerfen, dass es nicht endgültig ist. Ich könnte mir ja das Buch ausleihen und doch noch lesen. Wenn ich es wegwerfe, ist es definitiv vorbei. Aufbewahren, das hat sich bei mir schon öfters bewährt. So habe ich eine wunderbare Bibliothek und hole mir ab und zu das eine oder andere Buch hervor. Oft musste ich nach Jahren feststellen, dass ich mich gewandelt hatte und das Buch plötzlich gepasst hat. Finden Sie den für Sie idealen Weg.

Die Altersfalle

Bei allem, was Sie ab heute tun werden oder nicht, sollten Sie niemals die berühmte Altersfalle außer acht lassen. Denn über eines sind wir uns im Klaren, wir werden ein bestimmtes Alter erreichen. Wie schön, wenn im fortgeschrittenen Alter alles passt, die finanzielle Absicherung stimmt. Wir unseren gewohnten Lebensstandard weiter führen können. Nur das ist leider eher selten der Fall, meist hat man finanzielle Probleme. Das sollte nachdenklich stimmen und die Kraft geben, Änderungen einzuleiten, bevor es zu spät ist.

Wenn ich das alles gewusst hätte

Das ist eine gerne getätigte Aussage von älteren Menschen, wenn man sie auf ihr momentanes Befinden anspricht. Immer wieder erklären sie uns, wenn sie das alles gewusst hätten, wäre einiges anders gelaufen. Nur, was wollen diese Leute im fortgeschrittenen Alter noch alles umwerfen, viel Zeit bleibt in der Regel nicht mehr, um Änderungen einzuleiten.

Ich habe mir alles anders vorgestellt

Das ist die zweite bitterliche Aussage. Ja, man hat es sich vorgestellt und dabei völlig vergessen, dafür etwas zu tun. Sich auf den Weg zu machen und niemals locker zu lassen, bis man es erreicht hat. Leider hat man zu früh aufgegeben, oft schon bei der erstbesten Schwierigkeit die Flinte ins Korn geworfen. Man war nicht bereit, alle notwendigen Maßnahmen mit äußerster Konsequenz durchzuziehen.

Das soll alles gewesen sein

Das ist der nächste, verrückte Spruch. Das zeugt von einer großen Passivität, welche die Mehrzahl der Menschheit an den Tag legt. Sie warten lieber auf Wunder, die da hoffentlich geschehen werden, anstatt diese selbst zu inszenieren. Sie sind dafür verantwortlich und niemand anderes. Wie heißt es passend

„Den Fleißigen gehört die Welt!“

oder eine weitere treffende Aussage

„Von nichts kommt nichts!“

Da kann man noch so lange hoffen, bangen und beten, dass sich etwas tut, ohne Aussaat wird es nie eine Ernte geben. Das ist eine uralte und bekannte Tatsache. Folglich sollte man es erst gar nicht versuchen.

Wir alle werden alt, wenn wir nicht vorher gehen

Haben Sie sich schon über Ihr Alter Gedanken gemacht? Bei dieser Frage schütteln die meisten den Kopf und meinen „Ach, bis dahin dauert es noch eine Weile!“ Das ist leider ein Trugschluss und genau dies ist das Problem, dass die Menschen sich zu wenig über das eigene Leben und die Zeit Gedanken machen. Schauen wir es uns gemeinsam an. Nehmen wir als Beispiel das 60. Lebensalter an. So hat heute ein 50-jähriger noch 10 Jahre vor sich. Zehn Jahre hört sich nach relativ viel an. Wenn wir das Ganze jedoch ein wenig runterbrechen, dürfen wir feststellen, so viel Zeit ist es doch nicht mehr.

10 Jahre
120 Monate
480 Wochen
3.650 Tage

Ist das viel? Gut jetzt könnte man sagen, wenn wir die Schaltjahre mit dazu nehmen, ein klein wenig mehr. Sachlich nüchtern betrachtet, sind 3.650 Tage nicht viel. Somit kann die Botschaft nur lauten, aufwachen und nochmals aufwachen, in wenigen Tagen sind wir im Rentenalter.

Ich werde dann sehen, wenn es soweit ist

Das sagen die meisten, das finde ich wirklich spannend. Viele genießen ein Leben lang ihr Leben nicht richtig. Plötzlich, mit Beginn des Rentnerdaseins soll sich alles ändern? Na bravo, ich kenne nur wenige, die es geschafft haben und Sie? Das sind leider solch blöde Überlieferungen, die wir uns gerne zunutze machen und den eigenen produzierten Mist noch glauben.

Im Alter treten Altersgebrechen auf

Ein weiterer Aspekt, den die meisten häufig unterschätzen. Der biologische Abbauprozess tritt ab dem 35. Lebensalter ein. Manche behaupten sogar schon ab 25 Jahren. Nun denn, es wird alles etwas weniger im Alter, ob wir das in jungen Jahren wahrhaben wollen oder nicht. Oft glauben wir uns wird es nicht treffen, es ist aber eine feststehende Größenordnung.

Wenn die Altersarmut hinzu kommt

Dann ist die Geschichte komplett, alle Komponenten zusammen nennt man die berühmte Altersfalle. Grausam, wenn das zum Tragen kommt und man soll daraus noch etwas machen. Das ist nicht erbauend und da müssen Sie aufpassen, dürfen Sie niemals hinkommen. Deswegen bezahlen Sie lieber in jungen Jahren Ihren Preis und nehmen einen Teil Ihrer Zeit, um sich gründlich mit diesen Aspekten zu beschäftigen. Denn das wird Ihnen in späteren Jahren zugute kommen. Glauben Sie nur nicht, dass bei Ihnen alles anders sein wird. Das glaubt nämlich jeder Mensch von sich.

Sie haben die Wahl

Das sollten Sie sich permanent vor Augen halten. Sie können wählen und dies immer wieder aufs Neue. Nutzen Sie die Möglichkeiten, welche sich Ihnen auftun. Verschieben Sie nie etwas auf später. Die Zeit war noch nie so gut oder schlecht, wie gerade jetzt. Bezahlen Sie den Preis, dass Sie vielleicht im Moment etwas machen müssen, was keinen großen Spaß macht, aber dafür empfinden Sie nachher ein größeres Glücksgefühl.

Auch ich habe eben gerade gewählt

Genau in diesem Moment, wo ich am Schreiben bin, habe ich eine Entscheidung getroffen. Ich bin zurzeit geschäftlich am Coachen eines Hotels in Schweden. Ich habe zwei freie Stunden vor dem Abflug. Die Verhandlungen liefen supergut, jetzt bin ich in meinem Zimmer. Dort steht groß und breit mein Bett. Draußen regnet es ohne Ende, ich bin ein wenig müde. Na toll, was würde ich am liebsten tun? Na klar doch, ins Bett hüpfen und die zwei Stunden schlafen. Aber dann könnte ich das Buch nicht schreiben, respektive weitere Seiten, damit es bald fertig wird und Sie es in der Hand halten können.

Bett oder Buch schreiben

Was für eine Wahl werden Sie vielleicht denken. Klar finde ich das Bett in dem Moment erholsamer. Kuschelig zu schlummern und zu träumen, das hätte was. Den Preis, welchen ich fürs Schreiben bezahle, ist im Moment nicht so besonders lustig. Die Pflicht ruft, als Autor täglich für meine Leser zu schreiben. Folglich bezahle ich im Moment den Preis des nicht Ausruhens. Dafür habe ich aber wieder ein paar Seiten geschrieben. Das gibt ein gutes Gefühl. Nun könnte man ohne Weiteres sagen, das kann man ein anderes Mal schreiben. Richtig, nur was ist morgen, was ist übermorgen, und so weiter? Schlussendlich ist immer irgendetwas, was mich daran hindert, es endlich zu tun.

Denken Sie nicht nur an jetzt, sondern auch an später

Im Moment ein wenig Spaß zu haben ist eine Sache, später Freude zu empfinden, ist eine ganz andere. Dadurch fällt es wesentlich leichter, mal auf etwas zu verzichten. Das Glücksgefühl, welches ich habe, während ich schreibe, ist gigantischer, als die zwei Stunden zu schlafen. Selbstverständlich kann man sagen, man braucht auch den Schlaf. Das ist richtig, aber ich bin erst vier Stunden auf den Beinen.

Für oder gegen, das ist das Thema

Für oder gegen sein Lebenswerk, ich hoffe Sie haben ein Lebenswerk. Wenn nicht, erfahren Sie Näheres in einem der nächsten Kapitel. Spannend, an seinem gigantischen Lebenswerk zu arbeiten. Es ist etwas Wunderbares und Einmaliges. Sie sind wesentlich motivierter, Dinge zu tun, die Sie sonst schleifen lassen würden.

Einige Kriterien zur Auswahl

Ich stelle Ihnen einige Punkte zusammen, dadurch erhalten Sie einen besseren Überblick und können leichter entscheiden, was für Sie gut, optimal ist und was Sie eher lassen sollten. Denn wieso sich unnötig quälen, das würde nur ein Narr machen.

- Erfolgreich oder erfolglos
- Gesund oder krank
- Manager oder Arbeiter
- Reich oder arm
- Selbstständig oder angestellt
- Sportlich oder unsportlich

Erfolgreich oder erfolglos

Sie können wählen, zu welchem Typus Sie gehören möchten. Als

Erfolgreicher müssen Sie zwangsläufig weitaus mehr tun, sehr rege sein und völlig neue Wege beschreiten. Ihre alten Pfade gänzlich verlassen und sich auf den großen Weg machen. Bereit sein dazu zu lernen und sich täglich neuen Herausforderungen zu stellen. Der Preis für den Erfolg ist ein hoher. Der Preis für den Nichterfolg ist jedoch genau so hoch. Es ist ein Unterschied, ob man sich alles leisten kann, weil man vorher viel geleistet hat. Sie können wählen und blockieren Sie sich bitte nicht wieder im Vorfeld.

Gesund oder krank

Viele sehen das eher als ein unabänderliches Schicksal. Da gehen wie immer im Leben, die Meinungen weit auseinander. Das ist weiters auch nicht tragisch. Ich bin der Meinung, dass man unendlich viel für seine Gesundheit tun kann. Wenn man jedoch permanent gegen seine Gesundheit lebt, darf man nicht erstaunt sein, wenn es irgendwann daneben geht. Überprüfen Sie für sich, was Sie für Ihre Gesundheit Gutes tun? Bewegen Sie sich ausreichend, essen Sie gesunde Nahrungsmittel? Verzichten Sie auf Genussmittel wie Rauchen, Alkohol? Gesundheit ist wahrlich kein Geschenk des Himmels, sondern will erarbeitet sein. Es ist ein höchst aktiver Prozess, den wir weitgehend bewusst steuern können.

Manager oder Arbeiter

Es gibt von beiden, Manager jedoch weniger. Egal, was Sie gelernt haben, wo Sie herkommen, Frage ist, wo möchten Sie hin? Was ist Ihre Lebensvision? Sie können sich mit dem richtigen Einsatz und Engagement hoch arbeiten. Hier ist es natürlich erforderlich, dass Sie den Minimalismus hinter sich lassen. Wenn Sie minimalistisch unterwegs sind, werden Sie niemals nach oben kommen. Überdurchschnittliche Leistung ist gefragt.

Reich oder arm

Die Wahl zu treffen und den Preis zu bezahlen, welch ein Traum. Sie können, wenn Sie wollen, denn es liegt in Ihrer Hand. Klar, wären die meisten gerne steinreich, aber damit ist es nicht getan. Alleine vom Wollen wird sich nichts tun. Da ist ein hohes Engagement gefragt, müssen Sie hundertprozentig bei der Sache sein. Sich intensiv dahinter klemmen und buchstäblich Vollgas geben. Da können Sie eine fünf Tage Woche à 8 Stunden zumindest zeitweise, total vergessen. Und der Traum vom Sechser im Lotto oder bei Günther Jauch ein paar Fragen zu beantworten, ist zwar nett, aber sich darauf verlassen? Nein, das ist auch nicht der Hit. Schaffen Sie es von innen heraus, dann ist das eine andere Nummer.

Selbstständig oder angestellt

Dazwischen liegen Welten. Als Angestellter ist es ein anderes Arbeiten. Man kommt in die Firma, macht seine Arbeit und geht wieder, hat gedanklich Feierabend. Als Selbstständiger ist man, wenn man nicht aufpasst, rund um die Uhr dabei, hat buchstäblich nie Feierabend. Es gibt immer etwas zu tun und sei es nur, dass man in Gedanken im Geschäft ist. Denn jede Firma hat große und kleine Probleme, die es zu bewältigen gilt.

Das ist eine Lebensaufgabe, ein Geschäft zum Erfolg zu führen. Ich bereue es keine einzige Minute in meinem Leben. Ich war damals als 18-jähriger sofort selbstständig. Am Anfang war es ein relativ hoher Preis, welchen ich bezahlen musste. Meine Freunde haben wesentlich mehr verdient als ich und verfügten über eine Menge Freizeit. Ich hatte jedoch klare Visionen und wusste, dass sich das ändern wird. Und das Ziel, auf das wir hinarbeiten als erfolgreicher Selbstständiger, ist die Basis zu delegieren und frei den Ort, die Zeit und das Pensum des Arbeitsaufwandes zu bestimmen. Wenn der Beruf zur Berufung wird, ist auch die Qualität eine andere, da macht das Arbeiten Freude.

Sportlich oder unsportlich

Wenn ich sportlich sein will und einen durchtrainierten Körper mein eigen nennen möchte, muss ich mehr tun, als jemand, der in den Tag hinein lebt. Ich muss jeden Tag aufs Neue, meinen inneren Schweinehund besiegen und aktiv sein, auch da bezahle ich einen Preis. Wenn ich begriffen habe, dass ich immer einen Preis bezahlen muss, so oder so, kann ich es lieber freiwillig wählen. Dadurch halte ich wenigstens das Zepter meines Lebens in meinen Händen und gestalte es selbst.

Das sind nur einige Beispiele

Das Leben ist facettenreich, ich bin jeden Tag begeistert darüber, es ist Fülle ohne Ende. Und ich, ja genau ich habe es in meinen eigenen Händen. Ich kann daraus eine riesige Meisterleistung machen oder es an mir vorbeiziehen lassen. Wenn man sich dessen bewusst ist, gewinnt das Ganze eine völlig neue Dimension. Es ist großartig und fantastisch, auch wenn viele genau das Gegenteil behaupten. Da würde ich dann einfach sagen, diese Leute haben echt keine Ahnung.

Ihr großes Lebenswerk

Was ist der Sinn des eigenen Lebens? Haben Sie sich darüber jemals Gedanken gemacht? Die meisten Menschen träumen von verschiedenen Dingen, sich jedoch richtig festlegen, möchten sie lieber nicht, auf keinen Fall. Das ist schade, haben wir unser Leben doch nur ein einziges Mal, außer wir glauben an die berühmte Reinkarnation.

Was ist Ihr größter Traum

Wir sprechen klar vom Allergrößten, nicht von einer Kleinigkeit. Wenn ich die Leute auf meinen Seminaren oder beim Erfolgs-Coaching frage, erhalte ich oft keine vernünftige Antwort. Meistens handelt es sich um kleine Wünschlein, mit dem Zusatz „Es wäre halt schon schön!" Allerdings kann man so nichts Vernünftiges aufbauen und es ist dadurch auch keine Motivation vorhanden, sich groß zu engagieren. Von nichts kommt nichts, das war schon immer so und wird so bleiben, da nützt das gesamte Wunschdenken nichts. Oder funktioniert es bei Ihnen, dass die Wünsche vom reinen Wünschen wahr werden? In der Regel gehört auch das entsprechende Handeln dazu. Vergleichbar mit dem Bogenschießen, Ziel anvisieren, Bogen spannen, loslassen.

Wenn wir vom Lebenswerk sprechen

Dann ist es stets über den Tod hinaus. Was geschieht mit den meisten Menschen, nach ihrem Ableben? Sie sind tot, werden bestattet, aus und vorbei, das ist schade und traurig. Wie traumhaft, wenn wir solch ein großes Lebenswerk schaffen, welches weit über unseren Tod hinaus Bestand hat, buchstäblich für die Ewigkeit geschaffen.

Wenn alle so denken würden

Diesen Spruch höre ich häufig, nun, was interessieren uns die anderen? Erstens sind wir das Allerwichtigste in unserem Leben, auch wenn der eine oder andere womöglich unter bestimmten Erziehungsmustern leidet, wo man ihm/ihr beigebracht hat, dass man niemals egoistisch sein darf. Das halte ich für an den Haaren herbei gezogen. Als kleines Kind hatten Sie überhaupt kein Problem mit dem eigenen „Ich." Ihr Wortschatz war „Ich, ich und nochmals ich!" Das „schlechte Gewissen beim Ich-Denken" kam erst später, dank den großartigen Erziehungsberechtigten. Da ging das Theater richtig los, hat man versucht uns beizubringen, dass nicht immer wir, sondern auch die anderen. Meistens allerdings scheinheilig, denn wenn man das oft genug gehört hat, glaubt man es irgendwann und hält das Ganze für bare Münze.

Ein Lebenswerk zu haben und dafür zu leben ist ein Traum

Wann haben Sie das letzte Mal geträumt? Ich meine nicht die Nachtträume, sondern die Tagträume, in denen man immer wieder von dem Gedanken beseelt ist. Was gibt es Schöneres, als endlich für sich den Weg gefunden zu haben, in dem man völlig aufgehen kann. Es ist das Schönste, was ein Mensch überhaupt erreichen kann.

Was können Sie Großartiges für die Menschen tun

Bei dieser Frage höre ich oft „Wieso soll ich für andere etwas tun? Was tun diese für mich?" Das ist eine fatale Einstellung, dadurch gelangt man nie und nimmer zum Erfolg. Das ist schwachstrommäßig, derart durchs Leben zu gehen. Wenn Sie alle großartigen Dinge in diesem Leben anschauen, haben die immer damit zu tun, dass es Menschen gab, die sich viele Gedanken gemacht haben, wie man das Leben hier auf der Erde vereinfachen oder verbessern kann. So sind die ganzen Erfindungen entstanden. Ohne solche Personen würden wir alle noch im finsteren Mittelalter leben, keine sehr schöne Variante. Die meisten allerdings wurden als Spinner, als Träumer angesehen.

Schreiben Sie nachfolgend Ihre größten Träume auf

Wir gehen in die Schriftlichkeit. Nur was wir fixiert haben, können wir jederzeit nachlesen und den Fortschritt überprüfen. Alles andere bleibt eine reine Farce. Die Dinge aus dem Bauch heraus zu bewerkstelligen, ist nicht klug. Fortschritte oder auch Rückschritte, sind dadurch leichter zu erkennen, und zu handhaben. Aber leider sind es die wenigsten gewohnt und dies ist schade, fangen Sie jetzt damit an. Gehen Sie den Weg der Erfolgreichen, wenn nicht jetzt, wann dann bitte? Schreiben Sie nachfolgend Ihre großen Lebenswerke auf. Dann wieso das so ist und seit wann Sie dieser Gedanke begleitet. Auch wenn es nicht gleich flutscht, lassen Sie sich nicht davon beirren, machen Sie weiter.

	Ihre großen Lebenswerke?	Wieso?	Seit wann?
1.)			
2.)			
3.)			
4.)			
5.)			
6.)			
7.)			
8.)			
9.)			
10.)			

Wenn Sie Ihre Aufzeichnungen anschauen, wie fühlt es sich für Sie an? Schlägt Ihr Herz freudig oder lässt es Sie eiskalt? Das wäre natürlich sehr schade und vor allem traurig. Lebenswerke müssen etwas riesig Großes sein. Etwas, dass Sie hoch erfreut und wo Sie hundertprozentig Spaß daran haben. Wo Ihr Herz höher schlägt und Sie kaum mehr abwarten können, es endlich in die Erfüllung zu bringen. Wenn Sie es noch nicht gefunden haben, oder dieses intensive Gefühl Ihr eigen nennen können, suchen Sie danach.

Gehen Sie in sich und vielleicht machen Sie einen kleinen Spaziergang. Dann widmen Sie sich in einer Stunde nochmals diesem Thema im Buch, lassen Sie nicht locker. Das wäre schade, wenn Sie es übergehen würden. Oft sagt man sich, ich werde jetzt erst das Buch zu Ende lesen und dann schaue ich nochmals nach, doch dann wird meistens nichts daraus. Bleiben Sie an diesem wichtigen Lebensthema dran. Jetzt reduzieren Sie es auf Ihre drei wichtigsten Bereiche. Die Qual der Wahl zu entscheiden, was für Sie zu den Top-Favoriten gehört.

Ihre großen Lebenswerke?	**Wieso?**	**Seit wann?**
1.) ____________________	______________	____________
2.) ____________________	______________	____________
3.) ____________________	______________	____________

Wie ist es jetzt für Sie? Wie gut, wenn Sie zehn Punkte aufgeschrieben haben, dadurch erhält man wenigstens die Freude, wählen zu können. Wie schlimm, wenn nichts übrig bleibt, weil man zu wenig aufgeschrieben hat. Wichtig dabei ist, sich keine unnötigen Gedanken zu machen. Oft gehen wir in die Zensur und ersticken die kleinste Hoffnung im Keime. Genau das darf man niemals tun. Jeder Gedanke ist es wert, dass man ihn verfolgt. Alles hat einmal klein angefangen und war unbedeutend. Erst mit der Zeit entwickelt sich vieles zum Großen. Also haben Sie ruhig Mut, auch aus der Sicht der anderen verrückt zu sein. Was heißt verrückt sein? Nichts anderes, als dass Sie sich ein wenig von der Stelle verrückt haben. Eine völlig normale und gute Ausgangsposition. Jetzt reduzieren Sie es auf den für Sie wichtigsten Punkt.

Ihre größtes Lebenswerk?	**Wieso?**	**Seit wann?**
1.) ______________________	_______________	____________

Spätestens jetzt müsste die Freude übergroß sein und Sie völlig in Beschlag nehmen, diese darf Sie nie wieder loslassen. Es muss Sie derart fesseln, dass Sie Tag und Nacht daran denken. Da kommt Freude auf, die ihresgleichen sucht, das ist die eine Seite. Auf der anderen Seite kommt die Angst hinzu, dies ist ein weiterer Aspekt. Angst zu haben vor dem, was da auf Sie zukommt. Das ist völlig normal, dass sich der Mensch immer wieder fürchtet. Lieber diesen Aspekt, als völlige Gleichgültigkeit oder womöglich sogar Überheblichkeit, dies wäre alles andere als gesund. Ein Lebenswerk muss eine klare Herausforderung darstellen, Sie müssen davon hundertprozentig beseelt sein.

Ihr Fazit: ____

Lebenswerke sind Lebensgeschichten

Es ist nicht damit getan, einen Wunsch zu hegen und zu hoffen, dass damit alles okay ist. Otto Normalbürger denkt häufig, dass Erfolg eine kleine Reise ist, es ist jedoch weitaus mehr. Wie der Name aussagt, es geht um das gesamte Leben, ist ein riesiges Werk. Wie wundervoll und großartig, wenn man das verstanden hat. Deswegen bleiben Sie dran und lassen nie wieder los. Es ist erst dann geschafft, wenn Sie Ihr Werk vollendet haben. Da legt man sich nicht zur Ruhe, sondern beginnt das nächste Werk. Es ist eine permanente Herausforderung und dies ist genau das, was wir Menschen benötigen, um Höchstleistungen zu erbringen.

Kein Spitzensportler, Erfinder, Künstler

Hätte es jemals geschafft, wenn er nicht vollends davon beseelt gewesen wäre. Wo kann man so viel Energie hernehmen, wie diese Leute, die permanent trainieren. Die begeistert sind, weil sie eines wissen, wer nach oben will, muss überdurchschnittliche Leistung erbringen. Nur der Überfleißige schafft es zum Erfolg, derjenige, der den Extraschritt geht. Wer glaubt im Schlaf zu gewinnen, irrt sich gewaltig. Das sieht nur nach außen easy aus, als wäre es ohne jegliche Anstrengung zu bewältigen. In Wirklichkeit ist es ein konzentriertes Tun, welches ein hohes Maß an Disziplin erfordert.

Anderen Menschen einen hohen Nutzen bieten

Das ist aktueller denn je, vor allem in der heutigen Zeit, wo die meisten Menschen mit einer reinen Vollkaskomentalität unterwegs sind. Die erste Frage der Leute lautet meist, was können die anderen für mich tun? Was kann der Staat für mich tun? Es wird selten gefragt, was man selbst dem Leben und damit auch der Gemeinschaft zurückgeben kann. Das ist heutzutage nicht mehr so existent. Dies ist sehr schade, jetzt haben Sie die Chance mit dazu beizutragen, dass es zu einer Änderung kommt.

Das Engagement von jedem Einzelnen zählt

Oft höre ich dabei „Ach, was kann ich schon ausrichten!" Sehr viel sogar, wenn nur jeder jeden Tag einem anderen eine Freude bereitet, wie viel freundlicher und gigantischer ist dadurch unsere Welt. Ein wahrer Traum, der seinesgleichen sucht. Aber irgendwann müssen wir anfangen. Sie brauchen dabei keine Angst zu haben, dass Sie sich verausgaben, das Gegenteil ist der Fall. Alles was Sie tun, kommt auf Sie zurück. Das ist das Wunderbare daran, nichts ist umsonst, das vergessen die meisten.

Jeder Gedanke und jede Tat ist eine Aussaat

Es kommt auf Sie zurück, ob Sie das wollen oder nicht. Sie können es überhaupt nicht aufhalten. Aussaat und Ernte sind ein fester Bestandteil in unserem Leben. Es kommt immer nur das zurück, was wir vorher hineingegeben haben. Viele geben wenig bis gar nichts hinein und sind total erstaunt, wenn wenig zurückkommt oder überhaupt nichts. Diese Menschen haben aber eine riesige Erwartung und sind enttäuscht.

Üben Sie und Sie werden ein Meister

Kein Meister fällt vom Himmel, eine uralt bekannte Tatsache, welche ihre Gültigkeit hat. Nur wenn Sie üben, werden Sie besser darin. Nicht warten, auf dass sich die Dinge von alleine tun, sondern aktiv mit dazu beitragen. Stunde für Stunde, Tag für Tag, Monat für Monat, Sie werden dadurch sehr viel Lebensfreude für sich entdecken. Das ist ein absoluter Traum, der seinesgleichen sucht.

Es geht nichts über das Profitum

Als Profi durch die Welt zu schreiten, erleichtert es ungemein. Kleinigkeiten, die Sie früher belastet haben, verlieren ihre Bedeutung. Sie fokussieren sich wirklich nur noch auf die berühmten Big Points in Ihrem Leben. Was wichtig ist, setzen Sie entsprechend um, alles andere lassen Sie weg.

Freuen Sie sich täglich an Ihrem Lebenswerk zu arbeiten

Es gibt nichts Schöneres, als genau zu wissen, wofür man täglich aufsteht und seinem Werk nachgeht. Der Preis, welcher dafür zu bezahlen ist, ist wesentlich angenehmer als der, den die meisten Menschen bezahlen. So jammern doch unendlich viele Tag ein und Tag aus, dass ihnen die Arbeit keinen Spaß macht. Dass es sie förmlich anwidert, keine Lust haben und es letztlich halt zum notwendigen Übel gehört. So sein Leben zu tristen, ist alles andere als erbauend und lustig. Ändern Sie es, achten Sie darauf, dass Sie endlich zu Ihrer Mitte finden.

Abendliches Kontrolling

Machen Sie es sich zur Gewohnheit, jeden Abend zu kontrollieren. Eine sogenannte Tagesbilanz durchzuführen, in der Sie genau überprüfen, was der Tag gebracht hat. Welchen Preis Sie hierfür bezahlt haben und ob überhaupt ein Fortschritt erreicht wurde, erst dann sollten Sie ins Bett gehen.

Kontrolling ist das A und O

Das vergessen leider die meisten Menschen. Ohne Kontrolling keine Chance richtig voranzukommen. Es gilt stets zu überprüfen, wie weit man gekommen ist. Was dazu beigetragen hat und wie es optimiert werden kann. Ohne eine permanente Optimierung bleibt alles beim Alten. Ein Tag ohne Fortschritt und neue Erkenntnisse, ist ein vergeudeter Tag. Machen Sie es sich zur Aufgabe, intensiv daran zu arbeiten.

Tagesbilanz als sportliche Aufgabe

Jedes Geschäft macht abends den berühmten Kassensturz. Da wird überprüft, wie hoch die Einnahmen waren und dies wird festgehalten, das muss so sein. Genauso muss es mit allen anderen Dingen im Leben laufen. Das gleiche Muster, Stück für Stück. Mit der Zeit werden Sie sich daran gewöhnen, dass Sie nicht mehr anders können, es zum Grundbedürfnis wird. Dies ist der Moment, wo Sie gewonnen haben.

Das Muster dazu

Führen Sie ein Erfolgsbuch, dort tragen Sie alles ein. Sie können es selbstverständlich auch direkt in Ihren Rechner eingeben. Wichtig ist, dass es festgehalten wird. Fragen Sie sich bei jedem einzelnen Ablauf, wie es war.

- Was war miserabel?
- Was war gut?
- Was war sehr gut?
- Was war outstanding?

Das sind die vier berühmten Fragen, auf dem Weg zum Erfolg. Stellen Sie sich permanent jeden Tag genau diese Fragen.

Was machen Erfolglose

Diese haben destruktive Qualitäten an sich. Sehen überall eher das Negative, glauben sowieso nicht an den Erfolg und sind nur halbherzig engagiert. Wenn man so durchs Leben geht, erntet man automatisch Negatives und damit Miserables. Anstatt damit in die Umwandlung zu gehen, saugt man es lieber tief auf und arbeitet entsprechend damit. Wer mit seinen Problemen schwanger geht, wird noch mehr Probleme ernten und der Energielevel wird gegen null sinken oder sogar darunter.

Was machen Erfolgreiche

Sie nehmen es zur Kenntnis, dass gewisse Störungen vorhanden waren. Es ohne nicht geht, solange man lebt. Je schneller man dies verinnerlicht hat, das Leben um ein Vielfaches leichter ist, dies ist der erste Schritt. Danach geht es in die Umwandlung. Man wäre ja ein Narr, würde man die Gegebenheiten stehen lassen. Diese gilt es bereits im Vorfeld, mental zu ändern.

Was war miserabel

Es gibt gewisse Dinge, die sind miserabel. Manchmal hat man das Gefühl, dass es bereits morgens losgeht. Man ahnt, dass es den ganzen Tag so weiter gehen wird, das kennen Sie mit Sicherheit auch. Wenn man jetzt nichts ändert, nicht hingeht, und das abends positiviert, weiß man von vorneherein, dass der nächste Tag bestimmt nach dem gleichen Schema abläuft. Wer mit der Misserfolgsstimmung schlafen geht, programmiert sein Unterbewusstsein entsprechend und wird am nächsten Tag, mit diesen vorprogrammierten Eigenschaften in den Tag hineingehen. Auf ein Wunder zu hoffen, dass es womöglich besser wird, ist vergebens. Es kommt, wie es kommen muss. Die Geschichte nimmt ihren Lauf und während des Tages kann man nur bestätigen, dass man wirklich recht hatte. So kommt der Abend und das Spiel geht von vorne los. Tag für Tag, Woche für Woche, Monat für Monat und sogar Jahr für Jahr. Im Schlusseffekt kann man sagen, dass das gesamte Leben es nicht gut mit einem meinte. Dabei ist die Ursache eindeutig bei sich selbst zu suchen und nicht im Äußeren.

Was machen Sie aus dem Miserablen

Wir hätten dafür auch das Wort „schlecht" oder sonst eines nehmen können, das spielt jedoch keine Rolle. Wenn der Tag so war, war er einfach so. Jetzt kommt die große Aufgabe, alles aber wirklich alles schriftlich zu fixieren. Lassen Sie nichts aus, denn sonst würden Sie sich nur wieder selbst betrügen.

Hier einige Beispiele, wie es gemacht wird:

Problem/Ursache

Zu spät aufgestanden.

Wirkung
Unnötig gestresst, das hat sich den Tag durchgezogen. Fühle mich dadurch unnötig erschöpft, keine schöne Lebensqualität.

Änderung
Halbe Stunde früher aufstehen, dadurch mehr Lebensqualität. Ist im Moment ein wenig komisch, aber danach geht es mir den ganzen Tag besser.

****

Problem/Ursache
Nicht trainiert.

Wirkung
Fühlte mich heute Abend nicht wohl, mir fehlt der Kick.

Änderung
In Zukunft trainiere ich täglich. Ich plane es mir im Vorfeld ein „Komme was da wolle!“ Ich lasse mich davon nie wieder abhalten. Denn es ist mein Leben und meine Fitness.

****

Problem/Ursache
Zu wenig verkauft.

Wirkung
Ohne Verkauf keine Existenzsicherung. Durch weniger Einnahmen, weniger Ausgaben möglich. Wenn es zu lange anhält, kann es gefährlich werden.

Änderung
Ich konditioniere mich täglich auf den Verkauf. Für mich ist er ei-

ner der wichtigsten Parameter. Es darf keinen Tag mehr geben, ohne dass ich mein Soll nicht erreicht habe. Jeden Tag gebe ich etwas dazu und steigere mich.

So beamen Sie sich Stück für Stück durch

Es gibt noch weitere Beispiele. Jetzt können Sie sagen, dass das ja so etwas von einfach ist, fast lächerlich. Da kann ich vehement dagegen halten, unterschätzen Sie es nicht. Es hat eine immense Wirkung, wenn es konsequent durchgezogen wird. Es nützt natürlich wie bei allem im Leben nichts, wenn Sie es nur ab und zu anwenden. Das ist töricht und dem dürfen Sie sich niemals hingeben. Zahlen Sie lieber Ihren Preis und ziehen es konsequent durch. Den Preis des Erfolges durch die Veränderungen sei Ihnen gewiss. Schon dafür lohnt es sich, sich auf den Weg zu machen.

Loben Sie sich selbst

Wenn Sie derart konsequent unterwegs sind, ist es wichtig, dass Sie sich täglich loben. Überlassen Sie das bitte nicht den anderen, da können Sie in der Regel lange darauf warten. Es ist übrigens auch nicht deren Aufgabe. Sie sind alt genug, folglich managen Sie es, Lob ist ein unglaublicher Motivationsfaktor.

Was war gut

Wir wollen uns nicht nur mit dem Negativen befassen. Leider tun das fast alle Menschen. Es ist für die meisten zum Sport geworden, sich im Negativen zu baden und bringt für viele den berühmten Kick. Man schadet sich dadurch selbst am meisten. Als positiv eingestellte Menschen wissen wir genau, was uns voranbringt und was uns hindert, blockiert. Ich gehe stark davon aus, dass Sie einer der Positiven sind, sonst hätten Sie bestimmt nicht dieses Buch gekauft und wären nun am Lesen.

Wieso war es gut

Hier verfahren Sie nach dem gleichen Prinzip, wie bei dem Abschnitt mit dem Miserablen. Drei Bereiche, die Sie ausfüllen. Probleme/Ursachen/Wirkung und folgend die Änderung. Wir gehen immer in die Änderung, halten uns niemals bei anderen Dingen auf. Erst die mentale Veränderung und Verankerung schafft uns die Möglichkeit, weiter aufzubauen. Es ist genau das, was unbedingt sein muss, um zum Erfolg zu gelangen. Das dürfen Sie niemals außer acht lassen.

Was gut ist, ist es wert in ein sehr gut umgewandelt zu werden

Daran sollten Sie bei allem, was Sie in Angriff nehmen denken. Es ist doch ein Traum, derart vorgehen zu können. Ich bin immer wieder aufs Neue begeistert, wie einfach es letztlich ist. Vorausgesetzt man tut es endlich und dauerhaft, dies ist die Hauptausgangs-Nummer. Nur alleine der fromme Wunsch auf Veränderung wird nichts bringen. Denken Sie daran, das Bessere ist der Feind des Guten. Danach folgt ganz klar das Outstanding.

Was war sehr gut

Es gibt natürlich nicht nur miserable oder gute Dinge, sondern auch sehr gute. Dieser Bereich ist ein wenig dünner gesät. Das ist jedoch weiters nicht schlimm. Es lohnt sich auf alle Fälle, sich dafür auf den Weg zu machen und eine klare Veränderung einzuleiten, dass man in den optimalen Bereich gelangt.

Wieso war es sehr gut

Auf diese Frage höre ich häufig „Ja, das war halt Glück" oder „Ich habe halt Glück gehabt!" Das ist Schwachsinn, wir können doch unser kostbares Leben nicht alleine auf Glück aufbauen. Glück ist das, was kommt, wenn wir konsequent all die Dinge umsetzen, die zu tun sind. Es wäre schade, den Anteil der Eigenarbeit einfach mit „Es war halt Glück" abzutun. Das ist genauso crazy, wie alles auf der Geschichte mit dem Schicksal aufzubauen, das wäre ein miserables Unterfangen. Folglich geben Sie täglich Ihr Bestes und das „Glück" kommt dazu.

Es ist noch lange nicht zu Ende

Wir könnten uns jetzt gemütlich zurücklehnen und sagen „Wow das war richtig gut, wir haben es gepackt!" Das ist leider ein fataler Trugschluss. Es gibt einen einzigen Moment in unserem Leben, wo wir es tatsächlich gepackt haben. Das ist, wenn wir gestorben sind. Vorher nicht, denn das Leben ist permanente Veränderung, in der schillernsten Form. Wenn wir dies erkennen, wissen wir genau, dass das sehr gut ist und den daraus entstehenden starken positiven Gefühlen, die nur gepachtet sind. Das heißt, es kann am nächsten Tag bereits vorbei sein.

Was war outstanding

Outstanding, die herausragende Geschichte. Wieso ist das so? Was hat dazu geführt? Das ist der Bereich, welchen Sie unbedingt anstreben müssen. Da spielt die Musik, macht es Spaß und Freude, es ist ein total anderes Leben. Ich nenne das auch die absolute Adlerperspektive, alles wie ein Adler aus der Luft zu sehen, den Überblick zu haben. Dazu mein Buch „Bist du ein Huhn oder ein Adler!"

Wieso war es outstanding

Was ist passiert, dass Sie sich nun outstanding fühlen? Welche Dinge sind da abgelaufen? Es ist von Bedeutung, diese genauestens zu analysieren und festzuhalten. Es geht darum, die Mechanismen zu verstehen und zu begreifen. Wenn etwas outstanding war, kann man es permanent wiederholen. Dies fortlaufend, und der Erfolg ist auf Ihrer Seite, das ist doch erstrebenswert.

Wichtig ist kein Zufallsprinzip

Bitte nichts dem Zufall überlassen, das kann leicht passieren und ist fast bei allen Menschen so gestaltet. Mal mehr, aber eher weniger trifft man eine Glückssträhne. Sich darauf zu verlassen, wäre Blödsinn. Überlassen Sie nie wieder etwas dem Zufall, sondern gehen Sie gezielt und konsequent vor.

Lernen Sie das System kennen

Wenn Sie das System kennen, müssen Sie nur noch konsequent sein und Sie gelangen zwangsläufig zum Erfolg. Das heißt, Sie können ihn überhaupt nicht verhindern. Die meisten Menschen kennen jedoch das System nicht, studieren es nicht und leben oft in den Tag hinein, das ist sträflich. Häufig handeln sie nach dem Prinzip der Gewohnheiten.

Durch das tägliche Überprüfen werden Sie ein Vollprofi

Das ist der wunderbare Aspekt daraus. Wenn Sie jeden Abend Ihre Bilanz ziehen, werden Sie sicherer im Verstehen der Abläufe. Dadurch können Sie das Negative vermeiden und das Positive stark verankern. Sie erreichen einen permanenten Flow im High-Levelbereich, genau da gehören Sie auch hin. Der Preis, den Sie dafür bezahlen, ist am Anfang, ein wenig Ihr Leben umzustrukturieren. Nachher läuft es umso besser und eleganter.

Outstanding ist das Mindeste

Das sollten Sie sich zur Maxime machen. Darunter dürfen Sie nie mehr gehen. Ihre Bestrebungen laufen ausschließlich dahin. Auf diese Aussage höre ich meist „Ach, das ist doch langweilig, immer in diesem Bereich zu sein!" Das kann nur jemand sagen, der noch nie da war. Es nicht kennt und weiß, wie wundervoll auf der einen Seite und auf der anderen, wie herausfordernd das ist.

Raus aus der Komfortzone

Dies ist meine dringliche Botschaft an Sie. Überwinden Sie Tag für Tag Ihre Schwerkraft und Bequemlichkeit. Das wird Ihnen am Anfang relativ schwerfallen, weil man sich in seinem gewohnten Umfeld sicher fühlt. Im Laufe der Zeit gewöhnen Sie sich jedoch so daran und können nicht anders. Es ist in Fleisch und Blut übergegangen, wenn Sie es nicht tun würden, fehlt etwas.

Die Automatisation

Bis es soweit ist, benötigt man unendlich viel Geduld und Durchhaltevermögen. Es ist kein Prozess, welcher schnell über Nacht vonstatten geht. Im Schnitt benötigt man gut 200 Wiederholungen, bis sich das neue Muster fest verankert hat und zu einem Teil von einem selbst geworden ist. Wer denkt, mit einem kleinen Gedanken wäre alles für alle ewigen Zeiten geregelt, irrt sich gewaltig.

Die Schwerkraft macht uns zu schaffen

Es liegt in der Natur der Dinge, dass die Schwerkraft die Tendenz hat, uns immer nach unten in die Horizontale zu ziehen. Darum lieben viele Menschen ja auch das Coaching vor dem Fernseher, mit Knabberzeug und Alkohol. Das ist die nette Passivität, sich ohne große Anstrengungen berieseln zu lassen. Das führt jedoch zu nichts, ist reine Zeitverschwendung. Ist auch fatal, denn dadurch wird wertvolle Zeit kaputtgemacht, die man für Wesentlicheres verwenden könnte.

Die Überwindung der Schwerkraft, ein kompaktes Paket

Unterschätzen Sie es niemals, Sie kennen es bestimmt von Silvester her. Ein paar fromme Wünschlein, was sich alles ändert. Kaum sind die ersten Tage ins Land gezogen, läuft alles wieder im alten Trott. Schade, wie zügig dies vonstattengeht. So schnell kann man gar nicht schauen. Sie benötigen hierzu Ihre volle mentale Kraft, nur dann funktioniert es. Legen Sie diese Performance täglich an den Tag.

Aus diesem Grunde benötigt man eine große Lebensvision

Glauben Sie mir, diese hilft ungemein, in die berühmten Puschen zu kommen. Alles andere ist eine reine Farce und das kann man sich buchstäblich schenken. Ein wenig rumzuspielen, gibt überhaupt keinen Sinn. Aber ohne Vision, ja wieso soll man sich da anstrengen? Man wäre ja verrückt, aus der Komfortzone herauszutreten. Für was denn, wenn es auch ohne Anstrengung geht. Aber das kann nicht Sinn Ihres Lebens sein. Sie haben unendlich viele Fähigkeiten mitbekommen. Diese gilt es für sich zu nutzen.

Fangen Sie heute noch an

Diesen Punkt sollten Sie unbedingt beachten. Nie wieder warten, auf dass sich etwas von alleine erledigen wird. Das wird es nie und nimmer tun. Genauso verrückt ist es auf den berühmten richtigen Moment zu warten, auch den gibt es nicht. Es gibt nur einen richtigen Moment, der ist genau im „Hier und Jetzt." Fangen Sie an, denn dadurch haben Sie bereits die ersten Schritte eingeleitet und auf die kommt es an. Nicht morgen oder übermorgen, nein, heute in diesem Augenblick haben Sie die Entscheidung gefällt, anzufangen.

Es liegt an Ihrer Entscheidung

Ist das nicht wundervoll? Sie alleine fällen eine Entscheidung und dann geht es sofort los. Keiner kann Sie aufhalten, Sie haben alles in Ihren Händen. Können in Ihrem Leben Gigantisches bewegen, wenn Sie bereit sind, den Preis dafür zu bezahlen, welcher da lautet, raus aus der Komfortzone. Leider ist die Menschheit zu bequem und verharrt lieber in der alten Welt, aber jammernd ohne Ende.

Was bedeutet es, eine Entscheidung zu fällen

Deutsch ist eine großartige Sprache, sie ist so tiefgründig. In dem Wort Entscheidung ist enthalten „Ent - scheidung" das Ende und die Scheidung. Das ist doch klasse, das Ende von einer Sache und damit zugleich die Scheidung davon. Ihre Entscheidung in dem Fall ist, das Ende vom jetzigen Leben, für die große Freiheit in einem neuen, lebenswerteren Leben. Das ist gigantisch, wenn man das begriffen hat und sich zu eigen macht.

Bringen Sie es zum Ende

Verabschieden Sie sich ab sofort von Ihrem alten Leben, von dem, was Sie unglücklich macht. Unter Ihrem Niveau liegt, Sie bremst und hindert. Vorausgesetzt, Sie sind dazu hundertprozentig bereit. Davon gehe ich jedoch aus, sonst würden Sie sich nicht mit diesem Buch beschäftigen. Auch ich stand einmal klar vor der Situation, wo ich mir sagen musste, in dieser Art bitte nie wieder. Soll das mein kostbares, begrenztes Leben sein? Ich habe noch einiges vor, und wenn ich so weiter mache wie bisher, kann ich alles vergessen und begraben, das will ich auf gar keinen Fall. Deshalb habe ich die Entscheidung getroffen, mein Leben völlig anders und total neu zu gestalten.

Eine Flut von Widerständen traf mich

Als ich damals die Entscheidung gefällt hatte, war ich überglücklich und freute mich dermaßen, dass es endlich soweit war. Ich rechnete jedoch nicht mit einer Flut von Widerständen, mit mir und meinem Umfeld. Das hat mit mir selbst angefangen. Mein berühmter innerer Schweinehund hat mir das Leben diesbezüglich unendlich schwer gemacht. Sie kennen das bestimmt zur Genüge mit Sprüchen wie „Wieso machst du das jetzt? Das ist völliger Blödsinn, haut niemals hin. Vergiss es lieber gleich, du blamierst dich noch. Was soll das Ganze!" Und weitere kluge Aussagen. Dann kamen die Widerstände meiner lieben Mitmenschen dazu, das war wahnsinnig erbauend.

Ihr Umfeld wird sich sträuben und wehren

Darauf dürfen Sie bereits im Vorfeld gefasst sein. Genauso wie sich der innere Schweinehund meldet, tun es auch Ihre lieben Mitmenschen. Die finden das überhaupt nicht lustig, dass Sie sich entschlossen haben, neue Wege zu beschreiten. Denn das bedeutet für Ihr Umfeld eine Umorientierung. Nichts ist wie früher und nichts hassen die Menschen mehr, als solche ungewohnten Situationen. Deshalb wird krampfhaft versucht, am Alten festzuhalten. Man wird Sie nicht gehen lassen wollen, mit allen Mitteln wird versucht, Sie schnell wieder zurückzuholen. Hier einige der bekannten Aussagen

- Schuster bleib bei deinen Leisten
- Du hast es wohl nicht nötig, dich mit uns abzugeben
- Du wirst schon noch sehen, wo du hinkommst
- Wer hoch hinaus will, der fällt tief
- Du glaubst wohl etwas Besseres zu sein
- Du hast dich total verändert
- Du bist komisch geworden
- Ich erkenne dich nicht wieder
- Du warst früher so nett

Ich bin mir hundertprozentig sicher, dass Sie diese Sprüche auch kennen, schauen wir sie uns kurz an. Dadurch können Sie in Zukunft besser damit umgehen. Denn oft ist es exakt dieses Theater, was uns in Verbindung mit dem inneren Schweinehund, das Leben unnötig schwer macht. Dies führt häufig dazu, dass wir nichts mehr tun. Genau das gilt es in jedem Falle zu vermeiden, es wäre das Schlimmste, wenn man da nachgeben würde.

Schuster bleib bei deinen Leisten

Das ist einer dieser wunderbaren Alibisprüche, damit kann man alles entschuldigen, ist aber zu einfach. Wieso sein Leben auf ein Minimum reduzieren? Das ist verrückt, wer das tut, grenzt sich dermaßen damit ein. Das gesamte Leben ist Fort- und Weiterbildung und bestimmt nicht Stillstand. Wenn Sie so etwas wieder hören, lächeln Sie und sagen sich „Ja, für dich oder sie mag es so sein, für mich gelten andere Gesetze. Die des Fortschrittes und niemals des Nichtstun oder Festharren in alten Welten!"

Du hast es wohl nicht mehr nötig, dich mit uns abzugeben

Der nächste oberkluge Spruch, um Sie klein halten zu wollen. Damit versucht man ausschließlich, Ihnen ein schlechtes Gewissen einzureden. Lassen Sie sich bitte niemals davon beirren, nie und nimmer. Natürlich haben Sie es nicht mehr nötig, haben ein völlig neues Betätigungsfeld gefunden und damit einen gänzlich neuen Aufgabenbereich. In diesem neuen Feld lernen Sie andere Menschen kennen. Zwangsläufig verändern sich dadurch Situationen und Gegebenheiten.

„Das Bessere ist der Feind des Guten!"

Diese Weisheit gilt auch für Sie, manche Bekanntschaften erübrigen sich dadurch. Sie bekommen ein anderes Bild von der gesamten Welt. Beziehungen gehen auseinander und dafür treten neue in Ihr Leben. Wertvolle Beziehungen, die Sie auf eine großartige Weise bereichern.

Du wirst schon sehen, wo du hinkommst
Igitt, was für eine komische Drohung, was soll denn das? Das alte Prinzip von Angst einjagen, wird immer noch gerne verwendet. Viele Menschen lieben das über alles, hat ja in der Regel auch über Jahre hinweg funktioniert. Eltern arbeiten gerne mit diesem Prinzip. Denn wer Angst hat, ist manipulierbar und dadurch gefügig. Genau das Prinzip von manchen Institutionen, diese praktizieren das seit Jahrtausenden. Es liegt jedoch an jedem Einzelnen, ob er sich darauf einlässt oder nicht.

Wenn Sie genau hinhören und dies ohne Einschüchterungs-Zulassung, stellen Sie Folgendes fest, dass es der Wahrheit entspricht. Natürlich werden Sie sehen, wo Sie hinkommen. Sie sehen das doch bereits jetzt schon. Sie wissen genau was Sie wollen, also haben Sie Ihr Ziel klar und deutlich vor Augen. Folglich passt es und das Bild rundet sich ab. Welch ein Traum und wie recht doch die anderen haben.

Wer hoch hinaus will, der fällt tief
Das ist der nächste obercoole Satz, besser könnte es nicht sein. Lieber hoch hinaus und eventuell runterkommen, als immer unten zu bleiben. Finden Sie nicht auch? Ich bin froh, dass ich schon immer hoch hinaus wollte, auch wenn ich des Öfteren abgestürzt bin, das gehört im Leben dazu. Wichtig ist dabei nur eines, wenn wir hinfallen, und das tun wir alle, zügig aufzustehen. Niemals liegen bleiben, sondern sofort aufstehen.

Das Prinzip kennen Sie sicherlich auch. Sie waren ein wahrer Meister in dieser Disziplin. Erinnern Sie sich noch daran? Höchstwahrscheinlich nicht, denn es ist schon eine Ewigkeit her. Es war die Zeit, wo Sie laufen gelernt haben. Wie oft sind Sie damals hingefallen? Wahnsinn oder? Kaum waren Sie auf Ihren Füßchen, sind Sie erneut hingefallen, manchmal haben Sie sich wehgetan. Aber das hat Sie nicht groß irritiert. Sie hatten nur eines im Kopf, endlich zu laufen. Welch ein riesiges Durchhaltevermögen haben Sie dabei an den Tag gelegt. Und siehe da, nach unzähligen Versuchen hat es funktioniert, Sie können heute laufen. Genauso auch mit anderen Disziplinen, die Sie Jahre trainiert haben. Sei es Lesen, Schreiben, Rechnen und vieles mehr.

Du glaubst wohl etwas Besseres zu sein

Na klar doch, was denn sonst. Natürlich sind Sie etwas Besseres. Das waren Sie doch bereits seit Ihrer Geburt. Also, was soll denn das? Bei allem, was Sie hören, ist die Frage was Sie daraus machen und was Sie hören wollen. Sagen kann man Ihnen Einiges, die Wertigkeit erhält es erst durch Ihre Einstellung und Ihren Glauben, vorher ist es völlig wertneutral. Klar ist das nicht leicht, die Dinge aus einer völlig anderen Sicht zu sehen. Das klappt auch niemals über Nacht.

Du hast dich total verändert

Das ist normal, schlimm wäre es, wenn alles bis ans Lebensende ohne Änderung gleich bleiben würde. Sind wir doch froh, dass wir durch unsere Entwicklung in die Veränderung gegangen sind. Veränderungen bestimmen das gesamte Leben. Es gibt in der Tat nichts Beständigeres, als die Veränderung. Das ist simpel und unkompliziert. Man muss es aber zulassen und aktiv das Geschehen steuern. Schon funktioniert es und Sie verändern sich immer mehr zu Ihrem Wohle. Sie gestalten Ihr Leben zusehends so, dass es für Sie passt. Sie damit zwangsläufig bei anderen das Gegenteil auslösen, ist eine logische Schlussfolgerung daraus. Folglich machen Sie sich keine Gedanken darüber, alles ist in bester Ordnung.

Du bist komisch geworden

Du bist nicht komisch geworden, aber anders. In der Veränderung gewinnen andere Themen eine große Wertigkeit für uns. Was einmal gut war, hat sich überholt. Neue Prioritäten haben Einzug gehalten und bestimmen ab sofort unser Leben. Das ist doch wunderbar, dass wir unseren Horizont geöffnet haben. Durch unsere andere Denk- und Handlungsweise, erwecken wir zwangsläufig bei anderen eine total veränderte Situation. Das ist völlig in Ordnung, und wenn diese damit Probleme haben, sind Sie doch nicht dazu verpflichtet, die zu Ihren eigenen zu machen.

Ich erkenne dich nicht wieder

Und weiter? Wo ist das Problem? Auch das hat wiederum mit Ihnen überhaupt nichts zu tun. Oder wollen Sie wieder in Ihre alte angestammte Welt zurück? Ich für meinen Teil möchte und gehe niemals mehr zurück. Alles was ich mir neu errungen habe, halte ich fest und baue es entsprechend weiter aus. Dies ist das Mindeste, was ich für mich tun kann. Einmal erobertes Land gibt man niemals freiwillig ab.

Du warst früher so nett

Witzig oder, Sie sind heute noch nett. Nur haben Sie andere Prioritäten in Ihrem Leben gesetzt. Sie haben womöglich nicht mehr Zeit, stundenlang Laber-Rhabarbergespräche zu führen. Ihr Fokus ist ein neuer geworden, also leben Sie danach. Auf die Kommentare der anderen Menschen, können Sie liebend gerne verzichten.

Drohung mit Trennung und Verlust

Das ist ein gerne gespieltes Spiel. Vor allem in der Partnerschaft wird es häufig gespielt. „Wenn du nicht, dann........!" Lassen Sie sich nicht einschüchtern. Auch ich habe dieses Spiel erlebt. Vor lauter Verlustangst habe ich meist nachgegeben. Aber dadurch wurde es nicht besser, denn ich hatte die andere Welt für mich entdeckt. Fand diese spannend und dann ist genau das passiert, was komisch ist. Ich war nicht richtig in der alten Welt und noch nicht in der neuen angekommen. Die Neutrumsituation, alles andere als lustig. Hier geschieht es meist, dass man zurückfällt. Der Drang weiter zu gehen war bei mir jedoch zu groß. Man hatte mir dann mit Trennung gedroht. Wenn man lange genug gedroht bekommt, verliert das eines Tages jeglichen Schrecken. Man gewöhnt sich daran und ich bin überglücklich geschieden. Rückblickend aus der heutigen Sicht, schade, dass es überhaupt so lange gedauert hat. Es war jedoch ein Prozess der Ablösung und dieser dauert seine Zeit.

Gehen Sie Ihren Weg

Gehen Sie ihn so oder so, bezahlen Sie Ihren Preis und es wird Sie glücklich und zufrieden machen. Lassen Sie sich durch niemanden, aber auch absolut niemanden beirren. Sie haben alles in Ihrer Hand, können ein riesiges Meisterwerk machen, oder alles beim Alten lassen. Lassen Sie es immer durch den Filter laufen, was bringt es, wenn ich es lasse, wie es im Moment ist? Wo führt es mich hin, wenn ich etwas ändere? Nochmals, Sie bezahlen immer einen Preis, so oder so. Frage ist nur, was ist billiger und bringt Ihnen ein Glücksgefühl und das Feeling, so richtig zu leben?

Das uralte Prinzip von Ursache und Wirkung

Dieses Thema ist es wert, es zu wiederholen. Denn etliche Menschen sind sich darüber in keinster Art und Weise bewusst, was es zu bedeuten hat. Es ist zu gravierend und einschneidend, um es zu ignorieren. Es verlangt ein tiefes und umfassendes Durchblicken, damit es in die Bahnen gelenkt werden kann, die nötig sind. Stets zum Positiven, um jederzeit genau zu wissen, was passiert, wenn man nicht aufpasst, einen Moment unachtsam ist. Wie schnell sind falsche Programme abgespeichert und erfüllen sich automatisch, ohne unser Zutun. Das bringt einen wieder vom Weg zum Erfolg ab, dabei muss es nicht sein, wenn man sich immer wieder bewusst macht und permanent selbst „im Blick" hat, um Fehlentwicklungen sofort korrigieren zu können.

Es ist einfach Realität

Das bedenken die meisten nicht. Da wird lieber nach dem Hoffnungsprinzip von doch auch mal ein wenig Glück haben, gelebt. Das ist die eine Nummer, die nächste, hoffentlich meint es das Schicksal gut mit mir. Ich will auch einmal Glück haben. Auf dieser Basis kann man nichts Vernünftiges aufbauen. Das sollte man endlich in den Bereich der Märchen abschieben und sich wirklich auf das Wesentliche konzentrieren, damit sich der gewollte Erfolg unverzüglich einstellt.

Einige Beispiele von Ursache und Wirkung

Lassen Sie uns gemeinsam einige Beispiele zur Verdeutlichung anschauen. Dies hilft klarer zu blicken, es damit leichter, in sein eigenes Leben zu integrieren und dann auch zu leben.

- Ihr Auto
- Ihr Beruf
- Ihre Freunde
- Ihr Hobby
- Ihre Partnerschaft
- Ihr Urlaub
- Ihre Wohnstätte

Ihr Auto
Fangen wir mit diesem Beispiel an. Wie kamen Sie zu dem Auto, welches Sie zurzeit fahren? Wohl ein Geschenk des Himmels, plötzlich stand es vor Ihrer Haustüre? Hundertprozentig nicht, Sie haben es aus bestimmten Gründen gewählt. Klare Ursache und die entsprechende Wirkung dazu. Sie haben sich im Normalfall intensiv Gedanken darüber gemacht, was Sie gerne fahren möchten. Welche Farbe das Auto haben sollte, einen Kleinwagen oder eine etwas größere Limousine? Ein Gebrauchtwagen oder ein neues Auto? Dann haben Sie sich bei verschiedenen Händlern umgeschaut, womöglich mehrere Fahrzeuge Probe gefahren und danach gekauft oder geleast. Auch haben Sie Ihren Geldbeutel nicht außer acht gelassen. Eine Handlung nach der anderen vollzogen, bis das Fahrzeug in der Garage stand.

Ihr Beruf
Wie kamen Sie zu Ihrem Beruf? Wie hat sich das zugetragen? Waren Sie plötzlich in diesem Beruf, ohne dass Sie etwas dazu beigetragen haben? Oder haben Ihre Eltern Sie dazu gezwungen, diesen Beruf zu ergreifen? Bestimmt nicht, Sie haben sich damals wohl selber Gedanken gemacht, was Sie gerne arbeiten möchten. Dann sind Sie in die Schule gegangen, haben studiert oder eine Lehre absolviert. Später sind Sie in den Beruf eingetreten und jetzt ist die Frage, wie geht es weiter, sind Sie in Ihrem Beruf zufrieden? Wenn Sie zufrieden sind, ist das wunderbar. Wenn nein, arbeiten Sie unbedingt daran, dass Sie endlich zu dem Beruf kommen, welcher

Sie voll und ganz erfüllt. Es gibt in der Tat nichts Schöneres, als sich in seinem Beruf zu finden. Beruf gleich Berufung, welch ein wunderbarer Traum. Das ist Arbeiten in der Leichtigkeit des Seins, ist sich im Flow befinden. Da sehnt man nicht den Feierabend oder den Urlaub herbei, sondern freut sich aktiv zu sein.

Ihre Freunde

Wie kamen Sie zu Ihrem Freundeskreis? Rein zufällig, plötzlich waren diese da. Oder hat es mehr dazu gebraucht? Auch hier können Sie sich selbst die Antwort darauf geben. Ganz bestimmte Mechanismen sind da abgelaufen, bis es endlich soweit war, gepasst hat, dass man jemanden zu seinem Freundeskreis zählen kann. Es war auf Anhieb eine gewisse Sympathie da, man war auf der gleichen Wellenlänge und hat in die Freundschaft Positives hineingegeben. Ein Prozess, den Sie maßgebend mit beeinflusst haben, niemals ist das von alleine geschehen.

Ihr Hobby

Wie kamen Sie zu Ihrem Hobby? Das hat sich doch auch erst im Laufe der Zeit entwickelt. Sie hatten Interesse an einer ganz bestimmten Sache. Danach haben Sie angefangen, sich damit zu beschäftigen. Immer intensiver, dabei mehr Spaß und Freude empfunden, bis es eines Tages zur Selbstverständlichkeit wurde. Heute ist Ihr Hobby ein Teil von Ihnen, so als hätten Sie nie etwas anderes gemacht. Ihr Hobby bringt Ihnen einen Ausgleich zu dem alltäglichen Stress, deswegen muss es Ihnen Spaß bereiten.

Ihre Partnerschaft

Plötzlich waren Sie mitten in der Partnerschaft, ist das so richtig? Bestimmt nicht, auch hier hat es sich wie alles andere entwickelt. Sie hatten irgendwo an einem bestimmten Tag eine Begegnung. Sind sich näher gekommen, es hat gefunkt und schlussendlich zu einer Partnerschaft geführt. Vielleicht haben Sie sogar geheiratet. Oder wurden Sie zwangsverheiratet, wie im Mittelalter? Ich denke eher nicht, folglich waren Sie mit der Auslöser im Vollbesitz Ihrer gesamten Kräfte. Was Sie heute in Ihren Händen halten, Ihre Beziehung, ist das Ergebnis Ihrer vorausgegangen Taten. Sie haben die Weichen für Ihre Partnerschaft gestellt, entsprechende Ursachen gesetzt und die Wirkung ist in ihrer vollen Größe vorhanden. Wenn Sie jetzt die Geschichte beenden möchten, müssen Sie erneut Ursachen setzen, die nicht so angenehm sind, bis es soweit ist und sich manifestiert hat.

Ihr Urlaub
Da bin ich erstaunt, wie viele darüber jammern und lamentieren. Das ist wie in einigen Partnerschaften auch. Das finde ich schade, denn ohne Ihr Zutun sind Sie nicht an einem Urlaubsort gelandet. Sie haben sich für den Zeitpunkt, Ihren Urlaubsort entschieden und die Reise geplant. Sei es mit dem Auto, dem Zug, dem Flugzeug oder dem Schiff. Auch die Dauer haben Sie vorgegeben. Dann haben Sie gebucht, Koffer gepackt und los ging es. Also von wegen dem Zufall überlassen. Die letzte Entscheidung haben wieder Sie gefällt.

Ihre Wohnstätte
Wie sieht es damit aus? Wie geht es Ihnen, fühlen Sie sich in Ihrer Wohngegend wohl? Wie sind Sie da überhaupt hingekommen? Eines Morgens aufgewacht und Sie waren in der neuen Wohnung oder Ihrem Haus? Hundertprozentig nicht, auch da hatten Sie zuerst eine Idee und sind dieser gefolgt. Alleine die Entscheidung, ob eine Mietwohnung, Eigentumswohnung oder lieber ein Haus. Danach haben Sie sich verschiedene Projekte angeschaut und sind zur Entscheidung gelangt, dass es das Richtige ist. Selbstverständlich wurden die Finanzen berücksichtigt. Also auch hier wiederum Ursache und Wirkung. Es ist so einfach, wenn man das Prinzip verstanden hat.

Sie sind der Verursacher Ihres bisherigen Lebens

Das hört sich doch wunderbar an, finden Sie nicht auch? Sie selbst und kein anderer. Hier ist es wichtig, nie mehr andere für irgendetwas verantwortlich zu machen.

**„Wer anderen die Schuld gibt,
gibt ihnen die Macht über sein Leben."**

Das ist nämlich ein häufig und gerne gespieltes Spiel, für alles die Verantwortung bei anderen zu suchen. Aber damit macht man es sich zu leicht und gibt wahrhaft die Karten aus der Hand. Behalten Sie diese in der Hand, es sind Ihre Trümpfe. Für alle, die vom Leben mehr möchten, als nur vor sich hin zu vegetieren, ist es unabdinglich, sich für sich selbst verantwortlich zu zeigen und zu sich zu stehen. Das ist die hohe Kunst, darin liegt der Segen eines glücklichen und erfolgreichen Lebens.

Was wollen Sie wirklich

Das größte Thema in unserem Leben überhaupt. Was wollen wir, wollen wir wirklich. Leider ist es häufig so, dass wir durch unsere Beeinflusser, die uns zeitlebens begleitet haben, dermaßen massiv in unserer Richtung gestört, irritiert und beeinflusst wurden. Dadurch wissen wir oft nicht, was wir exakt wollen. Den Preis, welchen wir für unser Nichtwissen bezahlen, ist ein hoher. Er führt uns direkt in die berühmte Altersfalle, von wegen, wenn ich das alles gewusst hätte und das soll es jetzt gewesen sein? Diese Frage sollten wir uns niemals stellen müssen.

Als kleines Kind waren wir besser drauf

Erinnern Sie sich noch, was Sie damals alles werden wollten? Sie unterlagen überhaupt keiner Einschränkung, waren völlig frei in Ihrem Denken. Pilot, Arzt, Boxer, ein berühmter Fußballer, Modedesignerin, Stewardess, Schauspielerin und weitere Traumberufe. Erst im Laufe der Zeit, haben dann die ach so klugen Erwachsenen angefangen, Sie langsam aber sicher immer stärker zu beeinflussen. Zu schikanieren, Sie auf den Boden der Tatsachen zu holen. Oft haben wir es nicht einmal bemerkt, weil über der Geschichte das Deckmäntelchen der Liebe hing. Das ist die ganz gefährliche Nummer.

Eltern beherrschen dieses Spiel meisterlich

Oft geschickt in folgende signifikante Aussagen verpackt „Ich mische mich da nicht ein, bist ja alt genug, musst wissen, was du tust. Ich würde aber an deiner Stelle...!" Schon haben wir es wieder, in diesem Moment schnappt die Falle zu. Genau das ist eine massive Beeinflussung und hinterlässt bestimmte Raster in Ihrem Kopf. Einmal wäre ja nicht schlimm, aber manche Eltern legen eine Penetranz an den Tag. Bei jeder Gelegenheit hört man diese

Aussagen. Sie sind wahrlich Meister der Nimmermüdigkeit. Was oft genug gehört wird, wird in der Regel zum Programm.

Solche Spiele machen auch manche Partner

Schlimm, wenn die Partner derart untergebuttert werden. Das erkennt man oft an der Angst bei Entscheidungen, wo es dann heißt „Das kann ich nicht sagen, oder alleine entscheiden. Da muss ich meine Frau oder meinen Mann fragen!" Na bravo, weit haben wir es gebracht. Auch da sind manche Partner unverschämt und überschreiten meilenweit ihre Grenzen, ohne mit der Wimper zu zucken. Den Preis, welchen der Unterbutterte zahlt, ist ein hoher. Oft nur für das Motto „Alles des lieben Friedens willen!" Das kann es wahrhaftig nicht sein. Ich bin mir sicher, dass Sie zur Genüge solche Partnerschaften kennen, wo der eine überhaupt nichts zu melden hat. Er funktioniert und leidet stillschweigend vor sich hin, so wie es von ihm verlangt wird.

Wollen Sie das alles

Ich kann es mir nicht vorstellen, dass es Ihnen Freude bereitet. Es ist als Außenstehender betrachtet abstoßend und eklig. Einmal für denjenigen, der sich so aufführt und zum Zweiten für den anderen, der derart mit sich umspringen lässt. Was für ein armseliges Bild ergibt das? Fühlt man sich wohl dabei, geht es einem körperlich gut? Genau aus dem Grunde, sollten Sie sich wirklich und das genau jetzt in diesem Moment überlegen, was Sie wollen, ohne lange zu überlegen.

	Was wollen Sie wirklich?	Wieso?	Seit wann?
1.)	____________	____________	____________
2.)	____________	____________	____________
3.)	____________	____________	____________

4.) ______________________ ________________ ______________

5.) ______________________ ________________ ______________

6.) ______________________ ________________ ______________

7.) ______________________ ________________ ______________

8.) ______________________ ________________ ______________

9.) ______________________ ________________ ______________

10.) _____________________ ________________ ______________

Wie fühlt sich das für Sie an? Kommen Sie klar oder befällt Sie bei dem Thema eine gewisse Angst und Unruhe? Denn sich klar, konkret, messbar und unmissverständlich festzulegen, ist kein leichtes Unterfangen. Tief in seinem Unterbewusstsein hat man schon lange seine Sehnsüchte und Wünsche gehabt, jedoch meist begraben. Sie jetzt zu konkretisieren, ist nochmals eine andere Sache, damit muss man erst klarkommen.

Konform gehen und sich auf die Situation einlassen, fällt nicht leicht. Vor allem dann, wenn man bereits seit Jahren oder womöglich sogar Jahrzehnten, immer das Gleiche gemacht hat und nie zu sich selbst stand. Viele verleugnen sich häufig und schaden sich dadurch am meisten. Jetzt reduzieren Sie das Ganze auf Ihre drei wichtigsten Bereiche, die Sie unbedingt möchten.

Was wollen Sie wirklich? **Wieso?** **Seit wann?**

1.) ______________________ ________________ ______________

2.) ______________________ ________________ ______________

3.) ________________________ ________________ ______________

Jetzt sind Sie einen großen Schritt weiter gegangen. Sie haben es spezifiziert, wie gehen Sie damit um? Ich stelle öfters fest, solange es um einzelne Bereiche geht, welche sich im Äußeren befinden, geht es noch, da tut man sich nicht schwer. Wenn es sich aber um hausinterne Angelegenheiten handelt, wird es für die meisten eng. Da hört oft der Spaß auf, ist Schluss mit lustig. Dies finden die meisten dann überhaupt nicht mehr komisch. Leider wurde man selten so erzogen, dass man zu sich stehen kann, sich achtet.

Man hat sich in seinem Leben viele Dinge offen gelassen, die Augen davor verschlossen und das ist sträflich. Die Erziehungsberechtigten haben es unterlassen, uns stark und schlau zur Vorbereitung für unseren Lebensweg zu machen. Darauf zu achten, dass wir zu selbstständigen Menschen erzogen werden. Die ihr Leben mit Bravour meistern und ein gestärktes Rückgrat ihr eigen nennen können. Das war immer ein Tabuthema. Nun ist es aber an der Zeit, dass Sie diese Geschichte in den Griff bekommen. Denn da liegt in jeder Hinsicht die größte Befriedigung, das sollte Ihr großes Ziel sein. Jetzt reduzieren Sie es auf einen einzigen Punkt.

Was wollen Sie wirklich? Wieso? Seit wann?

1.) ________________________ ________________ ______________

Nun das berühmte Finale. Wie ist Ihr Empfinden? Was bringt es Ihnen, wenn Sie in medias res gehen? Fühlt es sich für Sie gut an? Sind Sie glücklich und zufrieden? Jede Menge Fragen, die wichtig sind. Diese richtig fundiert beantwortet, bringen Sie entsprechend auf Ihrem Lebensweg voran. Zum Abschluss Ihr Fazit.

Ihr Fazit: ____

Was ist, wenn Sie es nicht erreichen

Sie haben im vorhergehenden Kapitel alles festgehalten, was Sie unbedingt erreichen möchten, das ist super und aussagekräftig. Aber was ist, wenn Sie es nicht erreichen? Haben Sie sich darüber Gedanken gemacht, wie gehen Sie damit um? Wie wird das für Sie sein? Belastet es Sie oder eher nicht?

Wie oft haben Sie etwas nicht erreicht

Wie oft hatten Sie einen Hänger und haben über kurz oder lang die Träume begraben? Da kann jeder Mensch zig Erlebnisse erzählen. Schade, schade für all die guten Ideen, die dadurch recht zügig zu Grabe getragen werden. Das frustriert und macht unglücklich. Genau diese Situation gilt es unter allen Umständen zu vermeiden. Sie müssen vehement alles daran setzen, dass es nie soweit kommt.

Was würde es für Sie bedeuten, wenn Sie es nicht schaffen

Tauchen Sie in die Tiefe ein. Was wäre das Schlimmste daran? Fühlen Sie sich da mit aller Kraft rein. Wir Menschen sind die einzigen Lebewesen auf dieser Erde, die dazu imstande sind. Voraus zu denken, zu planen und uns reinzufühlen. Wie ist das Feeling, wie gehe ich damit um? Bin ich dabei glücklich und zufrieden oder ist es eher eine Horrornummer, welche sich anbahnt?

Wie oft haben Sie in Ihrem Leben aufgegeben

Wenn man als Mensch damit anfängt, bekommt das Ganze eine gewisse Routine, Eigendynamik und es wird zur Selbstverständlichkeit. Da kommt solch eine große Automatisation rein, dass es mit der Zeit wie von alleine abläuft. Bei der kleinsten Schwierigkeit geben wir auf. Kein Durchhaltevermögen, nichts mehr. Genau da müssen Sie das Ganze völlig umdrehen, das darf und kann niemals Ihr Lebenselixier sein. Dies dürfen Sie nie wieder zulassen, denn der Preis, welchen Sie fürs Aufgeben bezahlen, ist zu hoch. Das müssen Sie in jeder Hinsicht vermeiden. Passen Sie gut auf sich auf, lassen Sie sich nie mehr dazu hinreißen. Es wird Sie sonst eines Tages unsanft einholen und das wäre fatal.

Fügen Sie sich nie mehr Schmerzen zu

Wenn Sie permanent aufgeben, gewöhnen Sie sich daran. Zweitens werden die anderen Menschen, um Sie herum frohlocken und es supertoll finden, sich heimlich oder sogar offen daran erfreuen, dass Sie baden gegangen sind. Das gibt Ihnen zusätzlich nicht gerade ein super Feeling. Oft entsteht daraus erst das Gefühl ein Versager zu sein und das ist das Schlimmste, was Ihnen passieren kann. Denken Sie bei allem was Sie tun, daran

**„Ein Erfolgreicher gibt nie, nie, nie, niemals auf.
Komme was da wolle!"**

Wenn Sie sich das zur großen Lebensmaxime machen, gewinnen Sie eine mentale Stärke, die ihresgleichen sucht und es macht Sie zum Gewinner. Wechseln Sie Ihre Strategie, denken Sie sich neue Wege oder Anlaufpunkte aus, lernen Sie aus den Fehlern, aber geben Sie nicht auf.

Den Preis, welchen Sie bezahlen ist hoch

Das heißt, es ist wesentlich sinnvoller, bereits im Vorfeld die entsprechenden Weichen gestellt zu haben. Alles daran zu setzen, dass Sie es erreichen und endlich das selbst bestimmte Leben führen, welches Ihnen vorgeschwebt hat. Denn in Ihrem Inneren ist alles bereits vorhanden. Nur Sie haben es noch nicht im Äußeren wahrgenommen und fest in Ihr Leben implementiert. Das ist der wichtige und Segen bringende Akt. Seien Sie bereit, den Preis des Erfolges zu bezahlen. Es wird Sie in Ihrem Leben wesentlich weiter bringen. Sie vor allem glücklich und zufrieden machen, das ist das Entscheidende. Dies gilt es zeitlebens zu erreichen.

Hören Sie dabei nicht auf andere

Es gibt nur eine einzige Person, auf die Sie diesbezüglich hören können. Das ist, wenn Sie einen Erfolgs-Coach Ihr eigen nennen. Darüber mehr in einem der nächsten Kapitel. Ansonsten sollten Sie wirklich auf stumm schalten und sich von niemandem beirren lassen. Denn leider gibt es viel zu viele oberkluge Berater, die sich auf dem Weg tummeln. Diese glauben alles zu wissen, zu können und haben dabei selbst kaum etwas bewegt. Bezahlen Sie Ihren Preis für den Erfolg und er sei Ihnen gewiss. Ihren Erfolg kann Ihnen keiner streitig machen. Was Sie wissen und können, gehört Ihnen und dafür lohnt es sich, sich auf den Weg zu machen.

Was wollen Sie nie mehr

Wir haben uns angeschaut, was Sie wirklich wollen. Danach, was es für Sie bedeutet, wenn Sie es nicht schaffen, dies war die eine Geschichte. Das ist alles wunderbar, nur solange Sie nicht Ballast abwerfen, wird es schwer für Sie werden. Es ist Ihre große Aufgabe, auf Ordnung zu achten. Das Kind beim Namen zu nennen, und manches in Ihrem Leben zu canceln.

Sie können nicht alles ein Leben lang mit sich rumtragen

Das ist ein Ding der Unmöglichkeit, Sie würden sonst eines Tages zusammenbrechen. Sie kennen sicherlich Menschen, die vor lauter Lasten fast zusammenbrechen. Dies gilt es unter allen Umständen zu vermeiden. Es ist schrecklich, wenn man so durch die Welt geht. Das Leben sollte in erster Linie Leichtigkeit bedeuten und niemals Schwere. Leicht wird man jedoch nur, wenn man Gewicht abwirft, das wollen wir ab sofort tun.

Es gibt manches, das Sie öfters ärgert

Davon bin ich felsenfest überzeugt, weil es allen Menschen so geht. Es sind Teile in unserem Leben, die sind alles andere als gut und positiv. Sich permanent über das Gleiche zu ärgern, ist nicht klug und das sollte schnellstens abgestellt werden. Man ist doch schließlich kein Narr, der solche Dinge durchgehen lässt. Freiheit in jeglicher Hinsicht, heißt die Ausgangsbasis.

Angst vor dem Loslassen

Das haben fast alle Menschen, es ist eine unendlich große Furcht, die uns beschleicht. Wir lassen nicht gerne los, am liebsten haben wir, wenn es bleibt, wie es war. Das macht uns relativ glücklich und zufrieden. Darin können wir aufgehen, fühlen uns richtig wohl. Das ist unsere Welt, in der wir alt werden können. Und so nehmen wir manchen Kompromiss und manches Elend in Kauf. Dinge, die uns permanent quälen. Die Angst jedoch vor dem Loslassen ist zu übermächtig und deshalb lassen wir alles schleifen.

Ab sofort ist es an der Zeit, die Dinge beim Namen zu nennen

Wir wollen uns doch nie wieder selbst quälen. Das kann und darf nicht unsere Welt sein. Wir sind geboren worden, um uns frei und glücklich bewegen zu können. Losgelöst von all den Sorgen und Lasten des Alltages. Das schaffen wir jedoch in der Tat nur durch weg- und loslassen. Schreiben Sie bitte sofort alles auf, was Sie nie wieder wollen. Bei dieser Aufgabe sollen Sie nur schreiben und nicht im Vorfeld überlegen, ob das gut ist, und dass es womöglich auch nicht leicht ist. Das wissen wir doch schon, folglich müssen wir uns darüber keine Gedanken machen.

	Was wollen Sie nie mehr?	**Wieso?**	**Seit wann?**
1.)	____________	____________	____________
2.)	____________	____________	____________
3.)	____________	____________	____________
4.)	____________	____________	____________
5.)	____________	____________	____________
6.)	____________	____________	____________
7.)	____________	____________	____________
8.)	____________	____________	____________
9.)	____________	____________	____________

10.) ______________________ ________________ ______________

Wie geht es Ihnen? Fühlen Sie sich bei dem Gedanken wohl? Geht es für Sie mit Ihrem Sein konform oder ist es eher belastend? Wenn man sich das erste Mal damit beschäftigt und all die Dinge aufschreibt, befällt einen manchmal ein komisches Gefühl. Oft beschleicht einen die Angst vor Veränderung, die Angst andere zu verletzen, womöglich sogar alleine zu sein. Die Furcht vor dem Alleinsein, da geht man lieber Kompromisse ein, um da tunlichst nicht hinzukommen.

Das ist schade und leider eng machend. Am schlimmsten ist es, wenn es sich um Personen handelt, mit denen man eigentlich nichts zu tun haben möchte. Das stresst unheimlich und macht unglücklich. Jetzt reduzieren Sie es auf die drei wichtigsten Bereiche, die Sie nie wieder möchten. Es sind auch die, welche Sie am meisten belasten. Was Sie belastet, ist zugleich Energie fressend und herunterziehend.

Was wollen Sie nie mehr? Wieso? Seit wann?

1.) ______________________ ________________ ______________

2.) ______________________ ________________ ______________

3.) ______________________ ________________ ______________

Wie ist es für Sie? Wie fühlt es sich an? Vielleicht haben Sie sich gewundert, wieso ich immer nach den Gefühlen frage. Weil es der wichtigste Aspekt bei der Sache ist. Ihr Gefühl ist ein untrüglicher Indikator, welcher Ihnen hilft voranzukommen. Er ist Motivator, wenn er richtig eingesetzt wird, hilft Ihnen aus der unbänderlichen Kraft Ihres Unterbewusstseins. Jetzt reduzieren Sie es auf Ihren ärgsten Bereich.

Was wollen Sie nie mehr? Wieso? Seit wann?

1.) ______________________ ________________ ______________

Ihr Hauptpunkt, was Sie nie mehr wollen. Macht er Ihnen Angst oder gibt er Ihnen ein Gefühl von Freiheit und glücklich sein? In der Regel ist es ein Gemisch von beidem, das macht es spannend. Wenn Sie noch hingehen und die Schwerkraft überwinden, liegen Sie richtig. Raus aus der Komfortzone und rein in die Vollendung. Was gibt es in unserem Leben Schöneres? Wohl kaum irgendetwas, was uns derart glücklich macht und durchs Leben trägt. Das Leben ist Freiheit und Inspiration, in jeder Hinsicht, daran gilt es zu arbeiten. Stets eine Meisterleistung aus seinem Leben zu machen. Das muss ab sofort Ihre größte Lebensmaxime sein.

Ihr Fazit: ____

Der Preis ist zu hoch, wenn Sie nicht loslassen

Schrecklich und grausam, diese Situation. Sie sind auf dem Weg, träumen von großartigen Dingen und sind nicht bereit Ballast abzuwerfen. Sie nehmen den gesamten Müll mit sich. Es wird Sie erdrücken, lähmen und Sie kommen nicht richtig voran. Da heißt es für Sie klar, Entscheidungen zu treffen und wie Sie ja bereits wissen, heißt Entscheidung immer das Ende und die Scheidung davon. Erst danach gelangt man zur Freiheit und dadurch zu anderen Perspektiven.

Es ist nicht leicht

Das hat noch nie jemand behauptet, dass es leicht ist. Alles, was neu ist, trägt eine gewisse Komplexität in sich. Daran muss man sich erst im Laufe der Zeit langsam gewöhnen. Kein leichtes Unterfangen, jedoch ein absolut lohnenswertes, wenn man es durchzieht, das ist der entscheidende Punkt. Es erfordert Ihren vollen Einsatz. Das heißt, für Sie klar raus aus der berühmten und über alles geliebten Komfortzone, hinein in das richtige und wundervolle Leben. Sie haben es in Ihrer Hand und dies Tag für Tag.

Übung macht den Meister

Folglich müssen Sie sich keine Sorgen machen. Üben, üben, üben und nochmals üben ist angesagt. Dadurch wird es Tag für Tag besser und besser. Eines Tages ist es so, als hätten Sie nie etwas anderes gemacht. Da kommt richtig tiefe Freude auf, vor allem dann, wenn es zu einem Teil von Ihnen wurde. Völlig automatisiert laufen die Schemas ab. Aber bis es soweit ist, heißt es intensiv daran arbeiten.

Sein oder nicht Sein

Das ist die Frage, diese können Sie nur für sich alleine beantworten. Es lohnt sich, das Thema expliziter anzuschauen, sich einzulassen und intensiv daran zu arbeiten. Vergessen Sie nicht, es geht ausschließlich um Sie persönlich, um Ihr wertvolles und wenn Sie möchten, auch um Ihr wundervolles Leben.

Nehmen Sie Ihr Leben in Ihre Hände

Sie sind der Herr über Ihr Leben, stellen die Weichen für Ihre Zukunft. Ist das nicht gigantisch, sie können wählen und das Tag für Tag aufs Neue? Dadurch können Sie auch niemandem die Schuld geben, wenn etwas nicht Ihren Vorstellungen entspricht.

Zahlen Sie den Preis für Ihr selbstbestimmtes Leben

Das ist alles, es heißt für Sie aufstehen und klare Entscheidungen treffen. Danach zu handeln, überprüfen und es permanent zu wiederholen. Dadurch schafft man neue Wirklichkeiten und kann endlich das Leben leben, welches man sich erträumt hat.

Sie werden nicht überall beliebt sein

Was soll es, das spielt doch überhaupt keine Rolle. Wichtig ist nur, dass Sie endlich zu sich selbst finden und Ihren Weg gehen. Alles andere ist sekundär und dafür, für ein großartiges von Ihnen ausgewähltes Leben, dürfen Sie sich niemals einschränken, das macht krank. Alles was krank macht und kränkt, gilt es abzulegen. Fangen Sie damit an und Sie werden sich schnell an das neue Leben gewöhnen. Eines Tages ist es ein Teil von Ihnen geworden, als wäre es noch nie anders gewesen.

Übernehmen Sie endlich Verantwortung für sich

Das große Thema und nur die wenigsten beschäftigen sich damit. Verantwortung zu haben, bedeutet zugleich auch Erwachsen zu sein, ist das, was etliche überhaupt nicht sind. Sie sehen zwar aus wie Erwachsene, in ihrem Inneren sind sie jedoch kleine Kinder. Das ist für die eigene Entwicklung fatal.

Der Preis für die Verantwortung

Anfangen tut das Dilemma bereits in der Erziehung. Anstatt zu selbstständigen Menschen, mit einem stabilen Rückgrat erzogen zu werden, geschieht das Gegenteil. Kinder werden oft dermaßen demontiert, das ist schrecklich und grausam. So etwas zu sehen, ist erschreckend. Wie kann man vor allem als Eltern so mit seinem Nachwuchs umgehen. Unzählige Einschränkungen und Behinderungen warten auf solch einen neuen Erdenbürger. Im Erwachsenenalter wäre es spätestens an der Zeit, Verantwortung zu übernehmen und den Preis des Erwachsenseins zu bezahlen, leider ist das Gegenteil der Fall. Die meisten haben es nicht von klein auf gelernt. Es fehlten vielleicht die Vorbilder, denn die Eltern und Erzieher hatten es vermutlich auch nicht gelernt. Doch im Endeffekt nützt es nichts, darauf zu verweisen. Wir sind erwachsen und niemand anderes ist dafür zuständig, dass wir verantwortlich leben gelernt haben oder lernen. Niemand anderes außer wir selbst.

Negationen mitbekommen

Bis zum 18. Lebensjahr haben die meisten über eine Million Negationen gehört. Das summiert sich buchstäblich zu einer gigantischen Summe. Dies scheint sich fast unüberwindbar darzustellen. Das ist tragisch, denn derart ausgestattet, muss man jetzt für sich selbst verantwortlich sein. Schauen wir uns nachfolgend einige dieser Negationen an.

- Du bist zu dumm
- Du bist zu klein
- Das schaffst du nie
- Wie oft muss ich es dir noch sagen
- Du bist genau wie die Mutter oder der Vater
- Die Bonzen, alles ergaunert und erlogen
- Die scheiß Kohle
- Es kotzt mich an
- Wenn nur die doofe Arbeit nicht wäre

Das sind einige der Tausende von negativen Aussagen. Jetzt können Sie natürlich sagen, dass dem bei Ihnen nicht so ist. Dann haben Sie Glück gehabt und sich die richtige Familie ausgesucht. In 98% der Fälle läuft es jedoch in die andere Richtung, mal mehr mal weniger.

Du bist zu dumm
Wie hört sich denn das an, alles andere als aufbauend. Solche Worte nimmt man nicht in den Mund. Je öfters ein Kind solche Aussagen hört, irgendwann wird durch die permanente Wiederholung eine Wirklichkeit im Kopf und in seiner Seele geschaffen. Dann dauert es nicht lange, bis es sich nach außen manifestiert. Wer so etwas in den Mund nimmt, ist der Dümmste, das zeugt von Inkompetenz. Sollten Sie zu denen gehören, die das häufiger zu Ohren bekommen haben, stellen Sie sich die Frage

„Wer hat dies gesagt, oder sagt so etwas?“

Was haben die Menschen in ihrem Leben überhaupt erreicht oder geleistet? Die Ergebnisse sind meist niederschmetternd. Denn kluge Menschen, die in ihrem Leben viel erreicht haben, würden sich nie und nimmer auf dieses Niveau runterlassen. Sollten Sie zu den

Eltern gehören, die solche Aussagen in den Mund nehmen, ändern Sie es unbedingt ab sofort. Dadurch schaden Sie nie mehr Ihren Kindern.

Du bist zu klein

Der nächste dumme Spruch, schlussendlich ein wunderbarer Alibispruch, der fortlaufend eingesetzt werden kann. Du bist für alles immer zu klein. Aber wo soll das bitte hinführen? Was haben die Leute davon, wenn sie solch einen Stuss erzählen? Solange man andere klein hält, sind diese leichter manipulierbar. Schlussendlich geht es immer nur um das eine Thema „Manipulation."

Das schaffst du nie

Das ist eine geniale Methode der Vernichtung. Wie oft haben Sie das in Ihrem Leben gehört? Meistens zu oft, sodass man es sich zu eigen gemacht hat. Bei allem, was zu tun ist, kommt aus dem Inneren sofort der Spruch „Vergiss es, das schaffst du nie!" Spätestens dann ist es zu einem Teil von uns geworden. Das ist keine gute Ausgangsbasis für die Zukunft. Dadurch eingeschränkt ist man kaum imstande, Großes zu bewegen. Alles hat sich auf ein Minimum reduziert. Sich dann noch mit anderen Menschen unterhaltend, bestätigt sich manches. Auch hier bezahlen Sie einen zu hohen Preis. Deswegen passen Sie gut auf sich auf. Immer wenn Sie solch einen Spruch hören, sagen Sie sich „Und jetzt erst recht!"

Wie oft muss ich es dir noch sagen

Wie oft muss ich es dir noch sagen, wann kapierst du es endlich? Tja, wenn ich das wüsste, als Doofi gehalten, ist es fast ein Ding der Unmöglichkeit, dass ich das jemals raffen werde. Mit solchen Aussagen soll klar rüber gebracht werden, dass man ja zu blöd ist, um es endlich zu checken.

Du bist genau wie die Mutter oder der Vater

Die Nummer wird öfters gespielt. Häufig wird von den Müttern schlecht über den Vater gesprochen, man drückt ihn in eine bestimmte Schablone und durch solche Aussagen bekräftigt man die Geschichte. Oder der Vater transportiert seinen Frust, seine Geringschätzung der Mutter gegenüber auch auf die Kinder. Kein lustiges Unterfangen und vor allem für die Kinder eine Stresssituation. Sie lieben beide Elternteile und werden mit solchen Dingen konfrontiert. Sie möchten in Frieden und Harmonie leben.

Die Bonzen, alles ergaunert und erlogen

Das finde ich immer den Oberhammer. Selbst als Eltern nichts auf die Beine gestellt, greift man zu solchen Kraftausdrücken. Wenn die Eltern wüssten, dass sie damit ihre eigene Unfähigkeit preisgeben, würden sie es mit Sicherheit lassen. Aber so glauben sie, sich stärker machen zu können. Wer es im Leben geschafft hat, weiß, dass dies nicht stimmt. Die meisten sogenannten Bonzen haben Entbehrungen, schlaflose Nächte, Ängste zu durchstehen gehabt, bis sie endlich dort ankamen, wo sie jetzt sind, meist über Jahrzehnte hinweg. Und sie bezahlten und bezahlen ihren Preis.

Die scheiß Kohle

Um das Thema Geld gibt es sehr nette Aussagen und Sprüche. Wer nimmt diese wüsten Ausdrücke in den Mund? Doch nur derjenige, der keine Ahnung und kein Geld hat. Alle anderen hüten sich davor, denn sie wissen eines, Geld ist wunderbar und man kann damit unendlich viel erreichen. Wer kein Geld hat, verflucht es und erreicht damit genau das Gegenteil davon.

Es kotzt mich an

Oder so ähnlich, na bravo, wie kommt das rüber? Nicht besonders lecker und gut. Wenn man diesen Spruch als kleines Kind permanent hört, dauert es in der Regel nicht lange, bis man auch damit anfängt. Dadurch werden die berühmten Glaubenssätze gebildet, welche sich dann in den unmöglichsten Momenten melden und ihren Unfug treiben.

Wenn nur die doofe Arbeit nicht wäre

Wie kann man so etwas behaupten? Arbeiten zu können und zu dürfen ist doch wunderbar. Darin liegt viel schöpferische Kraft und ein Energiepotenzial sondergleichen. Man muss es zulassen, das ist alles. Leider macht die Arbeit einem Großteil der Menschheit keinen Spaß, weil sie schlicht und einfach die falsche Einstellung dazu haben. Dabei sollte man eines bedenken, ohne Arbeit kein Geld und kein Auskommen.

Mit Handicaps ins Leben zu starten, ist nicht lustig

In keinster Art und Weise ist das aufbauend und motivierend. Das Gegenteil ist der Fall und man tut sich mit seinem Leben unendlich schwer. Das ist belastend und kann krank machen. Wir haben ein großartiges Leben geschenkt bekommen und machen es uns immer wieder zunichte. Arbeiten Sie an sich, Tag für Tag, Woche für Woche, Jahr für Jahr und achten Sie unbedingt darauf, dass Sie aus dem Dilemma aussteigen. Sagen Sie sich jeden Tag

„Das Leben ist großartig, es ist Hülle und Fülle!"

Je häufiger Sie dies sagen, desto mehr wird es sich entwickeln. Packen Sie es an und warten Sie nie mehr auf den günstigen Augenblick, denn dieser ist bereits vorhanden.

If you can dream it.....

Das ist für mich die traumhafteste Aussage, die ich je gehört habe. „Wenn du träumen kannst - kannst du es auch tun!“ Das ist klasse und trifft genau den Kern. Es ist das Hauptthema, um welches es im Leben eines Menschen geht. Auf den Punkt gebracht und darum ist es wichtig, dass wir wieder anfangen unsere Träume zu träumen und auf jeden Fall zu leben. Das ist die Freiheit in unserem eigenen Leben. Dies gibt uns Tag für Tag unendliche Kraft und Energie.

Man hat uns die Träume buchstäblich abdressiert

Das ist traurig, dass man die Menschen in ihrer Freiheit dermaßen einschneidet und ihnen oft die Träume nimmt. Jeder von uns hatte schon große Träume, da gab es keine Limits noch sonstige Grenzen, alles war frei und offen. Es waren wunderbarere Träume, welche sich damals aufgetan hatten. Nur im Laufe der Jahre wurde daraus leider oft ein riesen Drama. Man hat es uns buchstäblich abdressiert, klein gehalten und das permanent.

Fatal, was da passiert ist und noch mit den meisten Leuten geschieht. Wenn ich da an meine Zeit zurückdenke, wie oft hatte ich gehört „Aus dir wird sowieso nie was! Du warst schon immer ein Fantast, ein regelrechter Träumer. Höre endlich auf zu träumen und stelle dich der Realität!“ Zum guten Glück war ich ein Träumer und habe mir das bis zum heutigen Tag erhalten. Darauf bin ich besonders stolz, denn

**„Träume sind die Vorboten der Fähigkeiten,
die in uns stecken!“**

Wer dies verstanden hat, wird nie mehr davon abrücken. Er wird ab sofort seine Träume in jeder Hinsicht leben.

Kehren Sie zu Ihren Ursprüngen zurück

Das möchte ich Ihnen ans Herz legen. Egal, was man Ihnen gesagt hat, das spielt überhaupt keine Rolle. Wichtig und entscheidend ist, was Sie von sich glauben und halten. Dies ist das Allerwichtigste, denn es geht um Ihr Leben und um sonst nichts anderes. Wer das begriffen hat, lebt besser und glücklicher. Ist im Vollbesitz seiner totalen Energie und kann diese hundertprozentig ausleben. Das ist so wertvoll und genau da müssen Sie hinkommen. Tun Sie es, und lassen Sie sich von niemandem aufhalten.

Die anderen werden Ihnen nicht helfen

Das ist eine altbekannte Tatsache, sie sind stets auf sich selbst bedacht und lieben es, den anderen klein zu halten. Dies ist für viele eine große Befriedigung. Oft nicht vorstellbar und dennoch eine traurige Tatsache. Also heißt es, wirklich aufmerksam und wachsam durchs Leben zu gehen. Je taffer Sie unterwegs sind, desto weiter gelangen Sie mit dieser Einstellung.

Träume sind die Vorboten der Fähigkeiten, die in uns stecken

Johann Wolfgang Goethe hat mit dieser Aussage Geschichte geschrieben. Träume sind das Wichtigste, was wir Menschen überhaupt haben können. Wenn die Träume sterben, stirbt auch der Mensch in seiner Ganzheit und das ist traurig. Genau aus dieser Traurigkeit sollten Sie unbedingt aussteigen. Gehen Sie den Weg eines großen Meisters, das hört sich ein wenig kompliziert an, ist es aber nicht.

Sie haben versteckte Fähigkeiten in sich

Werden Sie sich dessen bewusst, knüpfen Sie an den Ursprung an. Sie werden dadurch immense Lebensenergie erhalten, sind glücklich und zufrieden dabei. Ein absoluter Traum, welcher sich für Sie erfüllt. Aber um dahin zu gelangen, ist es dringlich, dass Sie eine klare Entscheidung treffen. Denn von alleine wird sich wie überall im Leben, nichts tun. Wenn man das endlich begriffen hat, ist der Weg in die Veränderung bereits vollzogen. Respektive der erste sehr wichtige Schritt getan, es folgt einer nach dem anderen und es kommt immer stärker die berühmte Eigendynamik dazu. Das ist der Moment, wo es ohne großes Zutun, wie von selbst läuft. Aber anfangen und sich auf den Weg machen, müssen Sie selbst. Es ist Ihre Pflicht, die ersten Schritte diesbezüglich einzuleiten und sich nicht beirren zu lassen.

Ziehen Sie es durch

Bezahlen Sie den Preis, seien Sie bereit in die Veränderung zu gehen. Auch in Kauf zu nehmen, dass manche Pappenheimer Sie auslachen werden. Dagegen gilt es völlig immun zu sein und über den Dingen zu stehen. Je schneller Sie dies tun, desto freier werden Sie. Das Thema heißt machen tun, machen tun und nochmals machen tun. Und bestimmt niemals abwarten und nochmals abwarten. Verfolgen Sie jeden Gedanken den Sie haben, denn er ist es absolut wert, es zu tun. Verfallen Sie nicht in die Lethargie bei der Umsetzung.

Zufälle adieu

Das ist wichtig, dass Sie sich dies fest abspeichern. Überlassen Sie wirklich nie wieder etwas dem berühmten Zufall. Oder wie es manche gerne tun, alles vom Schicksal abhängig zu machen. Das ist aus meiner Sicht Blödsinn. Denn hätte ich oder viele andere Erfolgreichen es so gemacht, wäre nie etwas daraus geworden. Ich hätte als Beispiel kein einziges Buch geschrieben. Denn dazu war es notwendig, dass ich mich intensiv dahinter geklemmt habe und Tag für Tag meine Aufgaben erfüllte.

Werden Sie Ihr eigener Lebensplaner

Lassen Sie sich nicht von anderen verplanen, sondern übernehmen Sie Ihre Planung. Das gibt ein traumhaftes und wunderbares Gefühl. Das macht Sie freier und hilft Ihnen ein selbstbestimmter Mensch zu sein und so durchs Leben zu schreiten. Sie müssen Ihr Leben in Ihren Händen halten, und nicht als Marionette für andere funktionieren. In diese Situation dürfen Sie niemals wieder hineingeraten.

Was heißt Zufall

Zufall ist das, was übrig bleibt, einem zufällt und das ist nicht erbauend. Hier müssen wir unbedingt aufpassen, denn Sie möchten doch nicht den sogenannten Abfall haben, sondern selbst und frei bestimmen, was für Sie wichtig ist und was nicht. Ich wiederhole mich, nehmen Sie unbedingt das Zepter in Ihre eigene Hand. Sie sind es, der darauf achten muss und niemand anderes. Das ist nicht kompliziert, wie so oft angenommen wird. Es ist wie bei allem, eine Übung und diese macht den Meister.

Ohne Übung kein Meister

Das ist für Sie sicherlich nichts Neues und dennoch wird es häufig vernachlässigt. Vom Erfolg träumt die Mehrzahl der Menschen, sogar vom gigantischen Erfolg. Was letztlich getan und umgesetzt wird, ist erschreckend. Wieso verstehen das die Menschen nicht? Eine gute Frage, auf die die meisten keine Antwort geben können. Das ist nicht schlimm, solange es andere betrifft. Ihnen kann ich nur ans Herz legen, üben Sie, üben Sie und üben Sie nochmals.

Sie sind es doch wert oder

Ich bin der festen Überzeugung, dass dem so ist, sonst hätten Sie nicht dieses Buch gekauft, wären auf dieser Seite angelangt. Das ist ein eindeutiges Zeichen, dass Sie taff unterwegs sind und es ernst meinen. Denn genau um das geht es schlussendlich. Ein wenig Rumgeplänkle können Sie vergessen. Mit dieser Einstellung ist noch nie etwas gelungen. Klare und handfeste Vorhaben und dann der entsprechende Einsatz führen zum Erfolg.

Stehen Sie voll und ganz zu sich

Es ist das Wertvollste, was Sie sich als Mensch antun können. Alles andere können Sie vergessen. Hand aufs Herz, wie oft haben Sie sich schon belogen, etwas schön geredet? Wie kamen Sie sich dabei vor? Man kann sich natürlich bis an sein Lebensende belügen und damit zugleich betrügen. Das ist weiters nicht schlimm. Den Preis, welchen Sie für solch ein Verhalten bezahlen, ist der Verlust Ihrer Gesundheit. Dies zeigt sich an folgenden Zivilisationskrankheiten, Herzprobleme, Burn-out, Schlaganfall, Depressionen und weiteren Erkrankungen. Denn die Seele merkt sich jeden einzelnen Stich, ob Sie das glauben oder nicht, dies können Sie nicht verhindern.

Wie oft haben Sie des lieben Friedens Dinge getan

Sicherlich kennen Sie sich damit sehr gut aus. Wie war das für Sie? Hatten Sie dabei nicht innerlich einen gewissen Groll in sich gehegt, vor Wut gekocht? 100%-ig und das ist wahrlich frustrierend. Sich selbst zu belügen und gute Miene zum bösen Spiel zu machen, ist alles andere als lustig. Oftmals hat Sie das Ganze noch tagelang beschäftigt und vielleicht vor Zorn kochen lassen. Dieses Verhalten sollten Sie sich als erwachsener Mensch schenken.

Das haben Sie nicht nötig. Sie sind doch ein höchst aufrichtiger Mensch, stehen Sie zu sich, mit allen Fehlern und Eigenschaften, welche Sie in sich verspüren. Unabhängig von dem was andere meinen, wie Sie gerade sein sollten oder nicht. Andere glauben sowieso stets, alles besser zu wissen und zu können. Vergessen aber dabei, dass sie zuerst vor der berühmten eigenen Haustüre kehren sollten, bevor sie sich mit anderen beschäftigen.

Schauen Sie sich nachher im Spiegel an

Wenn Sie diese Passage gelesen haben, stehen Sie kurz auf und laufen zum nächsten Spiegel. Dort schauen Sie rein und was werden Sie sehen? Ist doch logisch, werden Sie jetzt sicherlich sagen. Klar ist es logisch, Sie werden Ihr Konterfei sehen. Was werden Sie noch sehen? Einen Menschen, der vom Leben gebeutelt ist, oder einen glücklichen und in sich ruhenden? Tja, das ist die Frage, seien Sie ehrlich zu sich selbst. Wenn Sie in den Spiegel schauen, ist es wichtig, dass Sie eine glückliche und zufriedene Person vorfinden. Jemand der voll und ganz mitten im Leben steht, genau weiß, was er will und was er überhaupt nicht mehr will. Hundertprozentig zu sich und seinen Bedürfnissen steht.

Der immer zu sich steht, sich nie wieder unterbuttern lässt, keine Spielchen mehr, egal welcher Art mitmacht. Schauen Sie sich genau an und dann heben Sie den rechten Daumen und lachen. Ja, lachen Sie sich nett, liebevoll und vor allem herzlich an. Loben Sie sich, dass Sie so eisern waren. Wenn Ihnen das komisch oder vielleicht sogar blöd vorkommt, tun Sie es erst recht. Das wiederholen Sie permanent, wenn Sie einen Spiegel in Ihrer Nähe sehen.

Gewinnen Sie wieder Freude an sich

Das ist ein wesentlicher Bestandteil der positiven Veränderung und des zu sich Stehens, ein sich „Respektieren und Ästimieren." Sorgen Sie für sich im positiven Sinne, denn Sie werden sich noch ein Leben lang haben. Werden Sie sich dessen bewusst und freuen Sie sich riesig darüber.

Wenn Sie denken, es geht nicht mehr

Das kann öfters vorkommen, dass Sie in dieses Dilemma hinein geraten. Das ist jedoch kein Grund zur Panik, sondern die Chance in erster Linie sich selbst und auch den anderen klar zu zeigen, dass Sie wirklich genial sind. Komme was da wolle, es geht darum, dass Sie voll Ihr Ding durchziehen, ohne eine leise Verzögerung aufzuzeigen.

Geben Sie sich wenigstens noch einen Tag lang die Chance

Bevor Sie unter Umständen das Finale einleiten, geben Sie sich wenigstens noch einen Tag lang die Chance. Sagen Sie sich, nur noch einen einzigen Tag halte ich durch, dann habe ich es geschafft. Noch morgen und dann ist es gut. Wenn der nächste Tag hereingebrochen ist, tun Sie genau das Gleiche. Nur noch morgen und dann ist Schluss. Das ist eine wunderbare Hilfe, richtig zügig voranzukommen. Denn wenn Sie aufgeben, haben Sie verloren, das gilt es unter allen Umständen und in jeder Hinsicht zu vermeiden. Soweit dürfen Sie es nie wieder kommen lassen.

Bezahlen Sie den Preis des Durchhaltens

Es wird Sie um ein Vielfaches stärker und widerstandsfähiger machen. Die Störungen werden Sie zeitlebens begleiten. Diese, das sei Ihnen hundertprozentig gewiss, werden nie ausbleiben. Wieso sich nicht positiv darauf einstellen? Man wäre ja ein Narr, würde man sich unnötig dagegen sträuben. Ändern können Sie sowieso nichts daran. Es gibt Dinge zwischen Himmel und Erde, die kann man ändern und andere sind so, wie sie sind. Wenn man das weiß und damit umgehen kann, bekommt man daraus resultierend eine höhere Lebensqualität.

Solange Sie leben, geht es immer

Halten Sie sich das unbedingt vor Augen. Solange Sie leben, gibt es immer Möglichkeiten und Lösungen. Erst wenn Sie mit sich abschließen, war es das, dann gibt es keine Alternative mehr. Soweit dürfen Sie es nie kommen lassen. Nehmen Sie sich selbst an der Hand und führen Sie sich. Vielleicht mag das für Sie komisch klingen. Ist es aber nicht, weil es Ihnen die nötige Sicherheit gibt. Sagen Sie jetzt bloß nicht, dass Sie das nicht brauchen. Wir alle benötigen das und anstatt uns auf irgendjemanden zu verlassen, der womöglich nicht da ist, sind wir lieber selbst unser bester Freund.

Der beste Freund lässt einem nie im Stich

Verankern Sie das fest in Ihrem Herzen und der beste Freund, den sehen Sie regelmäßig im Spiegel. Zwinkern Sie ihm zu und mit dem Daumen hochhalten, sorgen Sie für eine positive Grundstimmung. Nehmen Sie sich regelmäßig in den Arm und drücken sich. Nicht lachen dabei, denn wenn Sie das Ganze belächeln zeigen Sie, dass Sie keine Ahnung haben, Sie diese wertvolle Übung nicht kennen. Wie sagte jüngst ein Teilnehmer „Ich bin doch nicht blöd und nehme mich selbst in den Arm!" Er hatte natürlich recht, er war nicht blöd, sondern sehr blöd. Denn sich selbst Kraft zu geben, ist ein Akt der Nähe und Fürsorge.

Bevor Sie Dinge belächeln oder abtun, geben Sie sich die Chance

Das ist meine klare Botschaft an Sie. Nicht die Dinge, von denen man keine Ahnung hat, ins Lächerliche ziehen. Das ist Dummheit und hat mit Intelligenz nichts zu tun. Stärke ist das große Thema, offen zu sein für Neues. Es eröffnet einem die Chance, für andere Welten. Sollte man es nach mehrmaligem Anwenden, noch nicht für gut empfinden, ist es auch in Ordnung. Vielleicht ist der richtige Augenblick noch nicht da. Das ist aber weiters nicht tragisch. Schlimm ist nur, wenn man es von Anfang an boykottiert.

Die Hoffnung stirbt erst mit dem Tode

Das ist die klare und untrügliche Botschaft. Erst wenn wir den letzten Atemzug von uns geben, war es das. Bis dorthin ist alles offen und dies gilt es zu nutzen. Weiter, weiter und nochmals weiter und nie, nie, nie, niemals aufgeben. Dadurch schaffen Sie sich neue Wirklichkeiten. Ich wünsche es Ihnen von ganzem Herzen, dass Sie sich genau diese Eigenschaften zunutze machen.

Gratis gibt es nichts

Denken Sie daran, auf dem Weg in eine andere Welt. Wer zu diesen Nassauern zählt, die überall nur alles umsonst wollen, wird es im Leben nicht weit bringen. Denn sich auf Kosten der Allgemeinheit auszuruhen, bringt sicherlich keinen Segen. Darum sollten Sie schon gar nicht mit solchen Manövern anfangen. Auch hier höre ich des Öfteren, dass ich gut reden habe. Das stimmt sogar, ich habe sehr gut reden und daran arbeite ich jeden Tag, dafür gibt es kein Abonnement. Es beginnt mit einer klaren Entscheidung und dann dem „Machen und Tun."

Ohne Fleiß keinen Preis

Diese Aussage kennen Sie sicherlich, der Spruch ist nichts Neues für Sie. Aber was er wirklich zu bedeuten hat, darüber machen sich leider die wenigsten Leute Gedanken. Es ist weitaus komplexer als gedacht und erfordert vollste Konzentration auf das Wesentliche, wenn man dadurch wirklich etwas bewegen will und zum Erfolg gelangen möchte. Sonst bleibt es wie schon oft, bei einem der unzähligen Lippenbekenntnisse. Die Folge daraus ist eine bittere Enttäuschung, wenn sich das oft wiederholt, ist der große Frust vorprogrammiert.

Ich würde ja schon gerne, aber

Das ist der Kommentar von vielen Leuten. Dann folgt eine Alibigeschichte, oder noch schlimmer eine der leidigen Opferstorys. Geschichten zu erfinden, ist das Hobby unzähliger Menschen. Es gibt Tausende von Gründen, wieso es jetzt gerade nicht geht. Dabei gibt es nur einen einzigen Grund, wieso gerade jetzt der richtige Moment ist. Wie kann man nur derart durchs Leben gehen und es sich so schwer machen. Da gehört eine gewisse Portion Masochismus dazu. Am meisten schaden Sie sich mit dieser fatalen Einstellung selbst.

Geben Sie Vollgas

Das kann ich Ihnen wärmstens empfehlen. Es braucht des Öfteren eine kurze Überwindung und dann geht es. Nur mit Vollgas gelangt man an seine Ziele. Ein kleines Beispiel, ich bin gerade in meiner Heimat St. Moritz und sitze in der Sonne, auf der Hotelterrasse des Palace Hotels. „Eigentlich“ und dieses Wort habe ich bewusst gewählt, würde ich lieber da sitzen, die Traumlandschaft anschauen und vor mich hindösen, das Leben genießen. In diesem Traumambiente die Seele baumeln lassen. Aber damit wird dieses Buch nicht fertig gestellt und weitere, welche ich noch in Planung habe, nicht geschrieben. Das wäre schade, folglich nehme ich mein Notebook aus der Tasche, freue mich riesig, dass ich in solch einer traumhaften Kulisse schreiben darf, und lege hoch motiviert los. Ich habe ein Ziel vor Augen, bis heute Abend 20 Seiten zu tippen. Wenn ich das erreicht habe, kann ich in Ruhe und ohne schlechtes Gewissen die Abendstunden, bei einem guten Essen in netter, inspirierender Gesellschaft genießen.

Ein Hauch von Überwindung und dann geht es

Es ist letztlich immer dieser kleine Hauch von Überwindung und dann läuft es wie geschmiert. Nach getaner Arbeit durchströmt einen ein tolles Gefühl der Zufriedenheit und des Glücks. Genau das wollen wir doch in unserem Leben erreichen, dies sollte unser Ziel sein. Endlich den Stand der absoluten Zufriedenheit und ein großes Glücksgefühl. Dafür muss man aber einen hohen Einsatz bringen, dies permanent und das verstehen die wenigsten Leute. Diese Menschen denken, dass die Erfolgreichen alle nur Glück haben, das stimmt aber nicht. Glück findet im Inneren statt und nicht im Äußeren. Es ist ein Trugschluss darauf warten zu wollen, da können Sie ewig warten.

Geben Sie sich täglich den Kick des Erfolges

So wie ein Drogensüchtiger seinen täglichen Schuss braucht, soweit können Sie es auch bringen, dass es zur völligen Automatisation wird, Sie täglich darauf achten, dass es wird. Jeden Tag den unglaublichen Kick des Erfolges, welch ein traumhaftes Feeling. Dadurch haben Sie Stunde um Stunde, Tag für Tag, Woche für Woche und Monat für Monat die Belohnung für Ihr „Machen und Tun." Dieses großartige Gefühl es zu können und wirklich alles zu packen, ist wunderbar, wenn man dieses Stadium erreicht hat und dann auch hält.

Dankbarkeit für Ihr Sein

Legen Sie eine unendliche Dankbarkeit für Ihr Leben an den Tag.

Die Erkenntnis, dass es ausschließlich an Ihnen liegt, bringt Sie in Ihrem Leben einen großen Schritt weiter. Auch wenn Sie jetzt vielleicht denken „Oh nein, nicht schon wieder!“ So ist es aber und wird auch so bleiben. Sie sind der große Meister Ihres Glückes, kein anderer Mensch ist dafür zuständig. Folglich packen Sie es sofort an und verschieben Sie nie wieder etwas auf später. Es ist meine Botschaft an Sie, Sie permanent zum Handeln aufzufordern. Leider verstehen das die wenigsten.

Glück und Reichtum ist Ihr Geburtsrecht

Wenn Sie sich dessen bewusst sind, ist das bereits die halbe Miete. Sie haben das nötige Rüstzeug dazu in die Wiege gelegt bekommen. Es ist Ihre große Aufgabe, darauf mit Liebe zu achten, Sie alleine sind dafür verantwortlich. Es ist die Aufgabe von keinem anderem. Wenn Sie sich das zu eigen machen, sind Sie schon viel weiter, als die meisten Menschen in ihrem Leben es jemals sein werden. Dann haben Sie einen gigantischen Sieg errungen, können sehr stolz auf sich sein.

Wem übergibt man gerne die Verantwortung

Schauen wir uns gemeinsam einige Situationen an, wer dafür zuständig ist, respektive aus Ihrer Sicht sein könnte. Das ist ja das gerne gespielte und beliebte Spiel. Nachfolgend nehmen wir das Ganze genauer unter die Lupe.

- Eltern
- Lehrer
- Partner
- Staat
- Chef

Eltern

Wie oft höre ich „Tja, meine Eltern haben leider nicht genug für mich gesorgt. Mein Vater hätte etwas aufbauen können, was ich übernehmen könnte. Er hat leider versagt, und deshalb muss ich heute mühsam schauen, wie ich klarkomme. Es wäre leichter gewesen, wenn meine Familie Gas gegeben hätte." Auch ich habe einige Jahre lang so gedacht. Ich war der Meinung, meine Eltern hätten echt mehr aus ihrem Leben machen können. Sogar noch ein wenig weiter zurückgehend. Es fing bereits bei meinen Großeltern an. Ich habe eine lange Zeit diesbezüglich mit mir gehadert. Das führte sogar soweit, dass ich meinen Eltern Vorwürfe gemacht habe. Änderte es etwas an der Situation? Gar nichts, das habe ich ziemlich bald verstanden. Die Situation bleibt, wie sie ist. Ich bin heilfroh darüber, dass ich es noch gerafft habe. Die Eltern sind nur dafür zuständig, uns auf das Leben vorzubereiten und das nötige Rüstzeug mitzugeben. Für alles andere sind wir höchst persönlich zuständig. Folglich hadern Sie nicht mit Ihrem Schicksal, sondern gestalten Sie Ihr Leben aktiv, nehmen Sie es in Ihre Hände.

Lehrer

Das ist die gleiche Geschichte, wenn, wenn und nochmals wenn. Die Lehrer haben uns das mitgegeben, was im Lehrplan vorgesehen war. Auch wenn einige nicht gerade unbedingt Erfolgslehrer waren. Zumindest haben wir Lesen, Schreiben und Rechnen gelernt. Das ist doch super, natürlich gab es noch einige Dinge mehr. Aber spätestens ab der Volljährigkeit sind wir für uns verantwortlich. Ab da müssen wir unsere Weichen stellen. Folglich heißt das Thema, leben wir uns voll und ganz, hundertprozentig? Sehen wir es als eine gute und solide Grundbasis an, welche wir mitbekommen haben und bauen darauf auf.

Partner

Das finde ich den totalen Oberhammer. Vor allem Frauen bringen das gerne „Mein Mann hat halt nicht geschaut. Er hat keinen Ehrgeiz, macht nur Dienst nach Vorschrift.“ Na super, wie wenn die Männer dafür zuständig sind, früher war das vielleicht überwiegend der Fall. Wenn ich als Frau so eine komische Einstellung habe, muss ich mich fragen, wieso ich derart blind durchs Leben marschiert bin? Wenn ich von einem reichen und tollen Leben, ohne finanzielle Probleme träume, muss ich mir im Vorfeld den entsprechenden Partner aussuchen. Denn die Wahrscheinlichkeit, dass aus einem Arbeiter ein Direktor und ein wohlhabender Mann wird, ist relativ gering. Deswegen darf ich dem Mann keine Vorwürfe machen, das ist ungezogen und nicht achtend. Anstatt zu warten, könnte ich als Frau selbst Gas geben, nicht jammernd und klagend in der Warteposition verharren. Und die Männer? Wie viele schieben die „Schuld“ für ihren beruflichen Stillstand darauf, dass sie ja für ihre Freundin/Frau/Familie da sein mussten und keine besseren Möglichkeiten hatten. Nein, wir sind alleine für unser Leben verantwortlich und auch dafür, uns gemeinsam mit dem Partner weiter zu entwickeln.

Staat

Na klar, was soll denn der Staat noch alles machen? Am besten für alle Menschen sorgen, ohne dass überhaupt noch jemand etwas arbeitet. Das wäre der pure Wahnsinn und der absolute Traum. Ob das in letzter Konsequenz erstrebenswert ist, lassen wir außen vor, ich kann es mir nicht vorstellen. Deswegen ist es wesentlich sinnvoller, sich endlich mit den eigenen Fähigkeiten zu beschäftigen und sich zu positionieren, da hat man genug zu tun. Ich wünsche Ihnen die Einsicht und den Durchblick, dass Sie dies für sich ab sofort konsequent umsetzen.

Chef

Das ist die nächste goldige Nummer. Klar, der Chef ist am besten für alles und für jeden zuständig. Und wenn er noch die Arbeit macht, ist es der perfekte Zustand. Jeden Monat kommt der Lohn ohne eigenes Zutun direkt aufs Konto. Das ist der Stoff, aus dem die Träume geschrieben werden.

Sie sind es und Sie bleiben es

Das ist alles, es gilt nur noch, dass Sie genau das verstehen und begreifen. Dann schreiten Sie zur Tat und freuen sich über die tollen Ergebnisse, die daraus resultieren. Kraftvoll Tag für Tag eine große Meisterleistung an den Tag zu legen. Welch ein Traum, der sich hier offenbart. Packen Sie ihn endlich für immer an.

Aufwachen, bevor es zu spät ist

Das Leben ist leider nicht unendlich, sondern endlich. Was das in letzter Konsequenz heißt, ist wohl den wenigsten bewusst. Unser Leben ist auf Erden zeitlich limitiert. Bei der Geburt wurde zugleich unser Ende besiegelt, dazwischen das nennen wir Leben. Wie lange es dauern wird, wissen wir Gott sei Dank nicht. Wie es wird, das können wir gestalten, haben es in unserer Hand. Aber wir sollten endlich in die Pötte kommen und nicht länger in der Warteposition verharren.

Fast alle leben in dem Glauben, unendlich Zeit zu haben

Dieser Traum hört sich natürlich sehr gut an. Er ist und bleibt jedoch ein Traum. Wie gut, wenn wir das erkennen können, ohne eines Tages unsanft aufwachen zu müssen, das passiert den meisten Menschen. In dem Moment, wo sie im Alter in die berühmte Zielgerade einmünden, erkennen die meisten erst, dass es das bald gewesen ist, nicht mehr viel Zeit bleibt. Genau das wird auch kommuniziert, voller Traurigkeit, Zorn, Neid, Missgunst, Krankheiten und womöglich noch in der berühmten Altersarmut. Zu sehen, dass man einiges mehr hätte tun sollen, und was noch vor uns liegt, leider eine relativ kurze Zeitspanne ist.

Schauen wir uns ein Menschenleben an

Wenn alles super läuft, haben wir die Chance, im Schnitt 80 Jahre alt zu werden. Diese Zahl hört sich gigantisch an. Achtzig Jahre ausgeschrieben, ist eine Menge. Wenn wir es aber genauer betrachten und das tun, was alle Erfolgreichen machen, intensiver ins Detail gehen, erkennen wir, dass 80 Jahre doch nicht so viel ist. Lassen Sie es uns gemeinsam ausrechnen, wie viele Stunden, Tage, Monate und so weiter, achtzig Jahre sind. Sie werden erstaunt sein, wenn Sie das Ganze nachfolgend schwarz auf weiß sehen.

80 Jahre sind
960 Monate sind
4170 Wochen sind
29.200 Tage sind
700.800 Stunden

Wie fühlt es sich für Sie an? Geht es Ihnen mit den Zahlen gut oder macht es Sie eher nachdenklich? Jetzt können Sie natürlich sagen „Alles gut und nett, es ist aber reine Theorie, in der Wirklichkeit sieht es total anders aus!“ Da haben Sie völlig recht, es ist Theorie, die schnell Wirklichkeit wird und dann? Tja, dann haben Sie halt Pech gehabt oder so ähnlich. Das ist Blödsinn, den wir so nicht stehen lassen können. Schauen wir es uns im Einzelnen nochmals explizit an.

80 Jahre

Wenn man es hört oder liest denkt man, das ist doch ein stattliche Zahl. Aber wir müssen dabei in Betracht ziehen, dass man bereits früher sterben kann und das passiert recht häufig. Da brauchen Sie sich nur in Ihrem Freundes- und Bekanntenkreis umzuschauen, da sind einige bereits gegangen. Manche ohne langen Leidensweg, andere nach einem harten, aussichtslosen Kampf. Die These bei unserem Rechenbeispiel lautet, dass man dieses Alter auch tatsächlich erreicht.

960 Monate

Hier wird es bereits ein wenig greifbarer. Monate haben für uns ein fühlbareres Momentum. Jetzt wo ich dieses Buch schreibe, haben wir Ende Juni. Kaum zu fassen, es war doch gerade erst Weihnachten, Silvester, Ostern, Pfingsten und jetzt ist es bald wieder soweit. Ruckzuck ist das Jahr vorbei, die Zeit läuft und läuft ohne Unterbruch kontinuierlich weiter. Wir können die Zeit nicht aufhalten oder nachholen, vorbei ist vorbei. Und jetzt überlegen Sie mal, wo Sie stehen, sind es noch 400 Monate, oder eventuell nur noch 250 Monate, die Ihnen bleiben? Das fühlt sich gleich weitaus ernster an. Wie schnell ist wieder ein Monat vorbei, dann noch einer und noch einer.

4.170 Wochen
Mit den Wochen verhält es sich so ähnlich, wie mit den Monaten. Kaum ist Montag, vergehen die Tage wie im Fluge und es steht schon wieder das Wochenende vor der Türe. Je älter man wird, um so zügiger geht das Ganze vonstatten. So geht es Woche für Woche, alles ist im Fluss und wir stehen mitten drin.

29.200 Tage
Spätestens hier wird es den meisten richtig bewusst, was das Ganze zu bedeuten hat, wie schnell die Tage verstreichen. Kaum ist ein neuer Tag angebrochen, naht schon wieder der Abend und die Nacht. Das geht rasend schnell, 29.200 Tage sind wahrlich keine Ewigkeit. Bei den Tagen spüren wir die eigene Vergänglichkeit in der Regel richtig.

700.800 Stunden
Spätestens jetzt müsste es jedem dämmern, was es bedeutet. Was ist eine Stunde, ein Hauch von nichts. Ich hoffe sehr, dass Ihnen die Wertigkeit des Ganzen bewusst wird. Sie jede Stunde als etwas Wertvolles schätzen und kostbar mit dieser Zeit umgehen.

1/3 unserer kostbaren Lebenszeit verschlafen wir
Das haben wir bei der Kalkulation noch nicht beachtet. Wenn wir das mit einbeziehen, bleibt wahrlich nicht mehr sehr viel übrig. Genauso wenig haben wir für die letzten Jahre in unserem Leben die Zeiten mit einberechnet, die wir benötigen, für die Krankheiten. Diese kommen in der Regel noch erschwerend hinzu.

Was lernen Sie für sich daraus

Was empfinden Sie nach der Zeitkalkulation? Wie fühlt es sich für Sie an? Pillepalle oder erkennen Sie darin eine gewisse Ernsthaftigkeit? Ist das Ganze greifbarer für Sie geworden? Letztlich sind es nur Zahlen und erst durch Ihr Bewusstsein mit Gefühlen verbunden, gewinnt die Geschichte an Größe. Es hängt von Ihrer Wertigkeit ab, das ist doch traumhaft, dies erkennen zu dürfen.

Ärgern Sie sich nie wieder

Ich hoffe, Sie haben es erkannt, wie wenig Zeit es ist, welche für Sie übrig bleibt. Wir haben bei der Kalkulation das Ganze von der Nullstunde, das heißt von Anbeginn Ihres Lebens aus berechnet. Sie leben aber schon etliche Tage auf dieser Erde, folglich ist das von der jeweiligen Summe abzuziehen. Dann haben Sie das, was noch übrig bleibt, wenn Sie die Chance haben, überhaupt 80 Jahre alt zu werden. Ich denke 80 Jahre alt zu werden ist ein großes Geschenk. Schauen wir uns einige Bereiche an, worüber man sich trefflich ärgern kann. Bei manchem Punkt kann man eine Änderung herbeiführen, bei anderen nicht.

- Benzinpreise
- Beruf
- Eltern
- Geld
- Handwerker
- Kinder
- Nachbarn
- Partner
- Schwiegereltern
- Sport
- Staat

- TV
- Urlaub
- Verwandtschaft

Benzinpreise
Wieso ärgern Sie sich überhaupt darüber? Können Sie etwas daran ändern, bestimmt nicht. Sie haben keine Chance, da gibt es andere, die am Hebel sitzen. Ihre einzige Chance ist Ihr Fahrverhalten zu ändern, sparsamere und defensivere Fahrweise, oder kein Auto. Auf ein Hybridfahrzeug umzusteigen, einige Wege mit dem Fahrrad zurückzulegen. Letztlich alles, was dazu beiträgt, dass Sie kein Benzin oder Diesel verbrauchen. Das ist alles und dennoch viel. Aber ärgern, oder womöglich mit anderen Menschen darüber zu diskutieren? Das ist verlorene Zeit, die Sie niemals wieder einholen können.

Beruf
Mein Gott, auch hier gibt es etliche Bereiche, bei denen Sie sich immer ärgern können. Da gibt es den blöden Chef, welcher total unfähig ist. Die dummen Kollegen, Lieferanten, welche einem das Leben unnötig schwer machen und zu guter Letzt die schlimmen Kunden. So gesehen sind Sie natürlich ein armer und geplagter Mensch. Diesen grausamen Widrigkeiten ausgesetzt, müssen Sie Ihr tristes Berufsleben fristen und das noch bis zum Rentenalter.

Chef: Wenn Sie sich über den Chef ärgern, suchen Sie sich eine neue Stelle. Es ist aber nur eine Frage der Zeit, bis der Chef wieder ein Idiot ist und unfähig. Da hilft Ihnen nur eines, werden Sie Ihr eigener Chef, machen Sie sich selbstständig, dann hat das ewige Dilemma eine Ende.

Kollegen: Da werden Sie fast nichts ändern können. Denn es wird immer und überall Kollegen geben, die nicht Ihre Kragenweite sind, über die Sie sich öfters ärgern können. Machen Sie konsequent Ihr Ding, seien Sie freundlich, klar, authentisch und halten Sie sich einfach aus der ewigen Jammerei und den Machtspielen raus. Sie werden sehen, wie sich die Atmosphäre dadurch ändert.

Lieferanten: Man kann natürlich die Lieferanten permanent auswechseln. Wie sinnvoll das im Laufe der Zeit wird, da gilt es ein großes Fragezeichen zu setzen. Das kann langfristig sehr geschäftsschädigend sein.

Kunden: Ohne Kunden kann kein Geschäft funktionieren. Wir benötigen immer jemanden, der unsere Ware kauft. Sei es eine Dienstleistung oder Produkte, ohne Kunden geht es nicht. Also können wir uns den Ärger schenken, denn Kunden sind das „A und O" eines Betriebes. Sehen Sie es so, wir helfen ihnen dabei, eine Lösung für ihre Probleme zu finden. Und sie helfen unserer Firma, erfolgreich zu sein. Eine Partnerschaft auf Augenhöhe.

Eltern

Da gibt es bestimmt das eine oder andere, was uns nicht gefällt, genauso wie umgekehrt auch. Manchmal hätten wir gerne andere Eltern, aber das ist ein Ding der Unmöglichkeit. Unsere Eltern sind, wie sie sind und das wird auch so bleiben. Es ist sicherlich nicht die Aufgabe Ihrer Eltern sich dahin gehend zu ändern, dass es Ihnen gefällt und passend für Sie ist. Mit ihren Mitteln, ihrem Hintergrund und Horizont haben sie uns so gut es geht geholfen, unseren Weg ins Leben zu finden. Seien wir ihnen dankbar dafür und übernehmen wir die Verantwortung für den Rest.

Geld

Wie oft ärgern sich die Menschen über das liebe Geld. Entweder, weil sie keines haben oder alles so teuer ist. Wenn man keines hat, sind einige Punkte nicht richtig gelaufen, daran kann man etwas ändern. Ich kenne das Gefühl, wenn Ebbe in der Geldbörse ist, das ist kein schöner Moment. Wenn man fast kein Geld mehr in der

Tasche hat, um etwas zum Essen zu kaufen. Ich habe damals die Entscheidung für mich getroffen, diese Situation zu ändern und nie wieder in diese Verlegenheit zu kommen. Zum zweiten Teil, wenn alles teuerer wird, das liegt außerhalb unseres Ermessungsbereiches. Da können wir nur in ein Land ziehen, wo alles günstiger ist. Aber auch dort werden die Preise irgendwann anziehen, es holt uns ein.

Handwerker

Das ist eine nette Geschichte, es gibt wenige Top-Handwerker und eine riesige Gruppe der anderen. Werden Sie daran etwas ändern können? Ganz bestimmt nicht, Sie müssen nur aufpassen und genauestens überprüfen, wo Sie zum Beispiel Ihr Auto hinbringen oder wem Sie den Auftrag erteilen. Das geht über Referenzen, genaues Hinschauen und klare Absprachen.

Kinder

Ihre Kinder sind, wie sie sind. In jungen Jahren konnten Sie noch Einfluss auf die Erziehung nehmen. Das Ganze sollte spätestens mit dem 18. Lebensjahr abgeschlossen sein. Dann fängt die Kunst des berühmten Loslassens an. Das ist genau die Aufgabe, wo die meisten Eltern kläglich versagen. Sie können nicht loslassen und schaden sich selbst damit am meisten, weil es dadurch häufig zu Streitereien mit den Kindern führt, im schlimmsten Fall kommt es zu einem Bruch.

Nachbarn

Da gibt es ein paar nette Nachbarn und auch andere. Ob Sie sich darüber ärgern oder nicht, es bleibt alles, wie es ist. Was sich gut bewährt hat, ist eine gewisse Zurückhaltung, das schafft eine notwendige Distanz. Denn in der Nähe passiert es häufiger, dass es zu einer gewissen Disharmonie kommt. Bevor Sie irgendwo hinziehen, schauen Sie nicht nur die Wohnung oder das Haus an, sondern das gesamte Umfeld. Sollte es für Sie in der Situation unerträglich werden, hilft nur eines, suchen Sie sich ein neues zu Hause. Auch wenn Sie das jetzt für indiskutabel halten. Bevor ich mich jahrelang ärgere oder vor Gericht ziehe, gehe ich lieber, mir ist mein Seelenfrieden und ein gutes Umfeld wichtiger.

Partner
Wenn Sie im Vorfeld klipp und klar wissen was Sie wollen, ist die Chance um ein Vielfaches größer, dass Sie den Partner finden, der Ihnen vorschwebt. Wenn Sie sich jedoch ins Abenteuer Partnerschaft stürzen, dürfen Sie niemals erstaunt sein, wenn dabei Dinge herauskommen, die Sie niemals wollten. Stehen Sie zu sich, und verleugnen Sie sich niemals wieder. Auch ich gehörte leider zu dieser Sorte, die klare Vorstellungen hatte und dennoch in der Partnerschaft zu lange verharrte. Dadurch habe ich kostbare Lebenszeit kaputt gemacht. Wichtig ist dabei, das Ganze noch zeitlebens zu erkennen und entsprechend zu ändern.

Schwiegereltern
Nun denn, diese wurden Ihnen gratis mitgeliefert. Es liegt an Ihnen, wie weit Sie sich auf dieses Spiel einlassen. Ich ziehe eine gewisse Distanz vor, denn das schafft zugleich eine Unantastbarkeit. Wenn Sie sich mitten im Dilemma befinden, ziehen Sie sich langsam aber sicher zurück. Es darf auf gar keinen Fall zur Belastung für Sie werden.

Sport
Wie oft ärgert man sich über Sportsendungen oder wenn man selbst aktiv Sport betreibt? Jede Sportart hat ihre Besonderheiten. Wenn Sie sich ärgern, ändert es aber nichts an der Tatsache, dass manche Dinge so sind, wie sie sind. Da bleibt zu guter Letzt nur eines übrig, sich abzuwenden oder zu akzeptieren.

Staat
Was wird über den Staat geschimpft. Das ist doch verrückt und

mit welchem Erfolg? Gar keinem, den einzigen Einfluss den Sie nehmen können, ist sich zu engagieren und in die Politik einzusteigen. Da haben Sie eine gewisse Einflussnahme. Aber darüber zu polemisieren halte ich für das Unfruchtbarste, was man sich überhaupt aussuchen kann. Wenn es für Sie unerträglich wird, müssen Sie auswandern und hoffen, dass es in Ihrer neuen Heimat wesentlich besser ist.

TV

Das ist für mich der absolute Oberhammer. Wieso über die Programme und Sender schimpfen? Lassen Sie die Kiste doch aus und lesen Sie ein Buch. Dann können Sie sich das Lamentieren über die Programme schenken. Ich lebe ohne die Glotze großartig. Wenn mich wirklich etwas interessieren sollte, kann ich ohne Weiteres den Einschalter betätigen. Ansonsten genieße ich die zusätzlich gewonnene Zeit.

Urlaub

Es sollte die schönste Zeit im Jahr sein. Fast jeder freut sich darauf und trotzdem gibt es öfters unnötigen Ärger. Angefangen von unterschiedlichen Destinationswünschen, bis hin zu den Gegebenheiten vor Ort, welche nicht passen. Da heißt es für das nächste Mal aufpassen und schauen, dass besser geplant und mehr ins Detail gegangen wird. Da sind Pauschalurlaube gefährlich, wenn Sie gebucht haben und es Ihnen nicht gefällt, können Sie nicht ohne Weiteres abreisen. Da bleiben dann oft nur Kompromisse.

Verwandtschaft

Hier finden wir ein riesiges Potenzial an Ärger vor. Um welchen Preis? Dieser ist in jedem Fall zu hoch. Ich habe dem Ganzen seit langem abgeschworen und lebe seitdem besser, friedlicher, ruhiger und glücklicher.

Ich hoffe, Sie erkennen, wie unnötig alles Ärgern ist

Genau das ist es schlussendlich, es gibt etliche Bereiche, wo Sie nichts ausrichten können. Da haben Sie schlicht und einfach keine Chance. Es ist verrückt, sich über Dinge zu ärgern, die man nicht ändern kann. Beschränken Sie sich in Zukunft höchstens noch auf das sich wundern. Jedoch bitte nicht darauf, sich darüber zu ärgern. Das birgt Energieverlust in sich und die Energie benötigen Sie dringend für Ihre Ziele.

Erhöhen Sie Ihre Wahrnehmungsschwelle

Dies ist ein weiterer Schritt, der damit einhergehen muss. Denn wenn Sie über eine geringe Wahrnehmungsschwelle verfügen, wird Sie unverzüglich alles tief bis in Ihr Innerstes treffen. Davon müssen Sie vollends wegkommen. Denn der Leidtragende sind Sie bei der Geschichte, das muss doch nicht sein.

Bezahlen Sie den Preis der Freiheit

Es ist wunderbar, wenn man das endlich begriffen hat. Wie schön, wenn man über den Dingen steht, alles aus der sogenannten Adlerperspektive sieht und die dazu notwendige Souveränität an den Tag legt. Darin zu leben ergibt Lebensfreude und -freiheit.

Canceln Sie das Ärgern aus Ihrem Leben

Es scheint am Anfang ein wenig kompliziert zu sein, aber danach geht es leichter von der Hand. Es wird zu einem Teil von Ihnen und Ihr Leben gewinnt dadurch eine größere Lebensqualität. Sie sind auf einem permanenten High Level und niemals wieder in den Niederungen.

Mut oder Armut, das ist die Frage

Diese Frage können Sie nur für sich selbst beantworten. In welchem Bereich möchten Sie lieber leben? In der Armut oder im Mut und damit zugleich im Reichtum? Ist doch logisch, antworten die meisten. Aber was logisch scheint, wird noch lange nicht gelebt. Es ist schade, wenn man sich selbst etwas vorgaukelt und belügt, das sollte man sich schenken.

Der Weg zwischen Mut oder Armut ist winzig

Es ist buchstäblich eine Gratwanderung. Deshalb heißt es besonders aufpassen, dass Sie auf der richtigen Seite bleiben. In der Armut leben die meisten Menschen, und dass Sie davon angesteckt werden, da ist die Wahrscheinlichkeit groß. Es kommt auf Ihre Konditionierung an, diese ist das Maß der Dinge. Auf was sind Sie konditioniert? Worauf haben Sie Ihr Leben ausgerichtet? Auf Erfolg und Reichtum oder das Gegenteil davon?

Was passiert, wenn Sie arm an Mut sind

Nehmen Sie es bitte nicht auf die leichte Schulter, wie das manche machen. Viele spotten sogar darüber und finden es recht amüsant. Ob Sie eines Tages auch das Ergebnis so witzig finden, mag ich bezweifeln. Schauen wir es uns an.

„Wer arm an Mut ist, landet zwangsläufig in der Armut!"

Das ist nicht gerade der Ort der großen Inspiration und der glücklich machende. Es ist grausam und töricht, wenn man sich persönlich so etwas antut, weil es einfach nicht nötig ist.

Viele meinen die Armut sei Schicksal

Das ist Blödsinn, es hat mit dem eigenen Denken und dem darauf aufbauenden Handeln zu tun. Es ist völlig egal, wo Sie herkommen, Frage ist vielmehr, wo wollen Sie hin? Danach ist das gesamte Streben auszurichten und sich hundertprozentig darauf zu konzentrieren. Das Wort Armut streichen Sie aus Ihrem Vokabular, Sie kennen ab sofort nur noch die andere Seite.

Wenn das so leicht wäre, gäbe es keine Armen

Das sind gerne in den Mund genommene Verallgemeinerungen. Was hat das mit Ihnen zu tun, was interessieren Sie die anderen? Beschäftigen Sie sich in erster Linie mit sich selbst. Da haben Sie genug zu tun, Sie können Berge versetzen. Sie sind nicht die anderen, sondern eine eigenständige Persönlichkeit, davon gehe ich zumindest aus. Oder wollen Sie das gesamte Elend dieser Erde auf sich schultern? Das ist natürlich auch eine Möglichkeit, so sein Leben zu verbringen.

Wenn Sie arm sind, wie wollen Sie da helfen

Um zu helfen, benötigt man eine gute Ausgangsbasis. Dazu gehört das Geld, um helfen zu können. Oder finden Sie es besonders lustig, wenn jemand Hunger hat, dass Sie ihm dann erklären, dass Sie auch Hunger haben und das Leben ungerecht ist? Ich hoffe, Sie verstehen das, folglich bezahlen Sie lieber den Preis des Erfolges.

Der Preis ist im Vorfeld zu entrichten

Wenn Sie sich das verinnerlicht haben, kann Sie nichts darin hindern, oder aus der Bahn werfen. Viele Menschen sind der Meinung, dass es vorher so oder so sein muss, bevor man sich überhaupt in Bewegung setzt. Solch eine Einstellung ist übel, denn bevor man ernten will, muss man gesät haben. Auch kommt hier der Spruch zum Tragen „Vor dem Verdienen, kommt das Dienen." Das war schon immer so und wird auch so bleiben.

Ein Landwirt, der nicht sät, wird nicht ernten

Das weiß jeder Bauer und wird sich genau deshalb nach den alten Naturgesetzen verhalten. Er wird das Saatgut aufs Feld bringen, welches er ernten möchte. Niemals etwas anderes, denn er weiß, dass nur wachsen wird, was gesät wurde. Jetzt sagen mir die meisten, das ist doch logisch. Richtig, darüber müsste man im Normalfall nicht sprechen. Wieso tun es so wenige, weil sie es nicht wissen, keine Ahnung haben, wie die Mechanismen des Erfolges funktionieren.

Jetzt wissen Sie es endlich

Sie haben den Preis hierfür bezahlt, das heißt für Ihr Wissen. Sie haben das Buch gekauft, lesen darin und jetzt geht es an die Umsetzung. Welch wunderbares Gefühl, so weit zu sein. In Zukunft, bevor Sie überhaupt zu irgendeiner Handlung gelangen, überprüfen Sie es im Vorfeld und richten alles danach aus.

Rechnen Sie vorher aus, wie hoch der Preis ist

Vorher in die Überlegung gehen und es umsetzen, vorausgesetzt es passt. Wenn nicht, haben wir die wunderbare Möglichkeit weiter zu suchen, bis wir endlich in die Mitte gelangen. Geben Sie sich nie wieder mit dem Erstbesten zufrieden. Für Sie muss das Beste gerade gut genug sein. Diesen Anspruch sollten Sie unbedingt an sich selbst stellen.

Sagen Sie deutlich „Ich bin bereit, den Preis zu bezahlen"

Das ist wichtig, dass Sie wirklich bereit sind, den Preis zu bezahlen. Viele knüpfen das an bestimmte Bedingungen, das dürfen Sie niemals tun. Wenn Sie Änderungen einführen wollen, sind bestimmte Dinge zu tun. Nehmen Sie es leicht und gehen Sie niemals verbissen ans Werk. Wenn Sie das tun, werden Sie nichts gewinnen. Im Gegenteil, Sie blockieren sich dadurch unnötig.

Weiter, weiter und nochmals weiter

Das ist alles, es ist so leicht. Es ist wirklich leicht und dessen sollten Sie sich hundertprozentig bewusst sein. Sagen Sie sich das immer wieder. Locker und leicht durchs Leben zu gehen, welch ein Traum sich da auftut. Wundervoll und befreiend für die Gegenwart und Ihre Zukunft.

Sie haben alles in Ihrer Hand

Werden Sie sich dessen endlich bewusst. Auch darüber haben wir bereits öfters gesprochen. Aber in der Wiederholung liegt die Kraft, das ist eine uralte bekannte Weisheit. Anders ausgedrückt „Steter Tropfen höhlt den Stein" nur dadurch erreichen Sie Ihre Ziele. Entscheidend bei allem ist, dass Sie Ihr Leben in den Griff bekommen. Das ist alles und es ist ein langer Prozess, öfters mit kleinen oder großen Stolpersteinen gepflastert, aber das ist weiters nicht tragisch. Diese kann man zügig aus dem Weg räumen, wenn man will. Zu glauben, dass es im Vorbeigehen zu erledigen ist, ist eine reine Selbsttäuschung. Dieser sollten Sie sich niemals hingeben, das führt leider ins Aus.

Ihr Leben ist wie Ton in Ihren Händen

Sie können ihn formen, gestalten, kreieren und wieder umformen, solange bis er für Sie stimmig ist. Er ist nicht starr, wie die meisten glauben. Starr wird Ton erst durch Ihre geistige Einstellung, da beginnen nämlich die Probleme. Aus diesem Grunde ist es von Bedeutung, dass Sie auf Flexibilität in Ihrem Leben achten.

Tag für Tag, Woche für Woche, Monat für Monat, immer wieder aufs Neue. Überprüfen Sie sich selbst und in dem Moment, wo Sie merken, dass Ihre Ansichten anfangen stur und starr zu werden, wenn Sie merken, dass Sie an Wände rennen, arbeiten Sie sofort vehement dagegen an, das dürfen Sie niemals wieder zulassen. Das lähmt Sie unnötig, sabotiert Ihren gewünschten Fortschritt. Überlegen Sie lieber, was Sie ändern müssen, um wieder in die richtige Erfolgsspur zu kommen.

Fortschritt oder Stillstand

Auch da haben Sie wie immer die Wahl. In dem Moment, wo Sie keinen Fortschritt Ihr eigen nennen können, haben Sie bereits einen Rückschritt vollzogen. Das geht rasend schnell und viele bemerken dieses Phänomen leider erst Jahre später. Kostbare Zeit ist bis dahin verstrichen und diese lässt sich nicht mehr einholen oder kaufen. Wollen Sie das wirklich? Ich glaube nicht, dass dies in Ihrem Sinne ist.

Täglicher Fortschritt wird zur Selbstverständlichkeit

Machen Sie sich das zur großen Lebensmaxime. Gehen Sie abends erst ins Bett, wenn Sie etwas Besonderes geleistet haben. Sodass Sie stolz auf sich sein können und mit einem Glücksgefühl einschlafen. Das Erwachen am anderen Morgen ist mit Vorfreude auf den Tag programmiert. Denn ohne Fortschritt ist es ein verlorener Tag und das sollte wirklich niemals mehr Ihr Thema sein.

Ihr Leben ist zu wertvoll, um solche Dinge mit sich selbst zu veranstalten. Sie können ab sofort auch eine Änderung herbeiführen. Darum ist das Lamentieren und Jammern von etlichen Menschen gegenüber anderen Personen völlig witzlos. Andere ändern zu wollen, können Sie vergessen. Wenn jemand nicht möchte, haben Sie keine Chance, da können Sie sich sogar auf den Kopf stellen.

Sie werden sich daran gewöhnen

Aller Anfang ist schwer, das ist eine altbekannte Tatsache. Darum ist es wichtig, gerade jetzt, in diesem Moment damit anzufangen und sich rein zu beamen. Je schneller Sie anfangen desto leichter fällt es Ihnen. Das Gegenteil, je länger Sie warten, desto mehr Zweifel werden Sie erleben und daraus entstehen die unnötigen Blockaden. Ihr innerer Schweinehund wird sich melden, dass Sie es eh nicht packen. Das heißt letztlich, es wird sich überhaupt nichts tun. Schade, schade und zugleich fatal, wenn man derart durchs Leben schreitet.

Rufen Sie sich das jeden Tag in Ihr Bewusstsein

Das eigene Bewusstsein ist das „A und O." Dieses gilt es unbedingt weiter auszubauen und zu stärken. Letztlich ist es wie ein Muskel, wenn dieser nicht trainiert wird, verliert er an Kraft und das wollen Sie bestimmt nicht oder?

„Use it or lose it!"

Benutze es oder verliere es. Das ist die Devise, um die es ein Leben lang geht. Und Sie sind der Chef über Ihr Leben, das ist doch eine wunderbare Ausgangsbasis. Sie bestimmen, wo es lang geht, was gemacht wird und wo Stillstand oder sogar Rückschritt eingeleitet wird. Wie schön, dass wir als Bürger frei entscheiden können.

Haben Sie bei allem Geduld

Geduld ist für die meisten Menschen ein Fremdwort. Auch ich durfte mich jahrelang dazu zählen, und wenn ich nicht aufpasse, falle ich heute noch zurück. Ohne Geduld macht man einiges kaputt. Es ist verrückt, sich derart zu bewegen. Zu wissen, dass alles seine Zeit braucht und sich vor allem daran zu halten. Denken Sie bitte stets daran „Rom wurde auch nicht an einem Tag erbaut."

Alles hat seinen eigenen Wachstumszyklus

Das war schon immer so und wird auch immer so sein, oder kamen Sie nach der Zeugung sofort zur Welt? Sicherlich nicht, es hat lange neun Monate des Wachstums benötigt, bis Sie auf die Welt kamen. Konnten Sie sofort Laufen und Sprechen? Es gibt für alles in unserem Leben eine Wachstumszeit. Dazu gibt es im Volksmund den passenden Spruch

„Gut Ding braucht Weile"

Daher sollte man sich auch immer in Geduld üben, und nicht in Hektik und Stress verfallen.

Kein Landwirt fährt sofort nach der Aussaat zum Feld

Nehmen wir einen Landwirt. Heute sät er und käme niemals auf die Idee, am anderen Tag bereits aufs Feld zu fahren, um zu sehen, was gewachsen ist oder um womöglich die Ernte einzufahren. Genauso wenig würde er den Boden aufgraben, um zu schauen, ob sich etwas getan hat. Er würde noch nichts sehen, folglich lässt er es lieber. Genauso sollten Sie mit all Ihren neuen Projekten, welche Sie lanciert haben, verfahren. Hegen, pflegen und düngen Sie diese in dem Glauben, dass jede Saat aufgeht.

Passen Sie auf, was Sie säen

Das ist es, was die meisten Menschen leider vergessen, dass jede Saat, egal ob positiver oder negativer Natur aufgehen wird. Dies muss man wissen und es gilt im Vorfeld zu überlegen, ob das was man gerade denkt und vorhat, auch wirklich gut und zielführend ist. Denn es ist wie ein Bumerang, er kommt auf Sie zurück. Darum seien Sie besonders behutsam und achtsam. Es lohnt sich, bereits im Vorfeld entsprechendes Verhalten an den Tag zu legen.

Überschätzen Sie niemals, was Sie in kurzer Zeit erreichen können

Fast alle Menschen überschätzen total, was sie in kurzer Zeit erreichen können. Das ist ein riesiger Trugschluss und zugleich fatal. Wenn es dann nicht gleich hinhaut, wird fast immer die Flinte ins Korn geworfen, anstatt weiter zu machen. Aufgeben ist eine der leichtesten Übungen. Im Gegenzug unterschätzt man leider, was man über einen längeren Zeitraum alles schaffen kann, wenn man dauerhaft dran bleibt. Dran bleiben und nochmals dran bleiben. Wir hören erst auf, wenn wir es geschafft haben. Das ist unser Mindestanspruch an uns selbst.

Rom wurde auch nicht an einem Tag gebaut

Wenn Sie sich das verinnerlicht haben, geht es Ihnen wesentlich besser, fühlen Sie sich wohl. Konstruieren Sie täglich an Ihrem Leben. Machen Sie das größte Meisterwerk daraus. Bezahlen Sie den Preis der Freiheit, dass Sie einfach ein wenig mehr tun, als die meisten Menschen. Es kommt zigfach auf Sie zurück. Sie gelangen dadurch zwangsläufig in eine völlig andere Dimension hinein.

Work-Life Balance die Kunst

Zu arbeiten, viel zu arbeiten, noch viel mehr zu arbeiten. All das tun, was erforderlich ist, dass man zum Erfolg gelangt, ist die eine Seite der Medaille. Die andere Seite, dass Sie unbedingt auch in die Entspannung gehen müssen. Unterschätzen Sie niemals diesen Faktor. Denn wenn Sie nur in der totalen Anspannung leben, sind Sie nicht imstande, langfristig Höchstleistung zu bringen.

Jeder Spitzensportler weiß das

Sie wissen es haargenau, dass man nur dann Höchstleistung erbringen kann, wenn man auf einen gesunden Ausgleich achtet. Dazu gehören regelmäßiger Schlaf, gesunde Ernährung, Bewegung, Sport, Massagen, Ausspannen und alles, was zu einem optimalen Ausgleich beiträgt. Das müssen Sie jedoch wie alles in Ihrem Leben, aktiv einleiten.

Welche Programme haben Sie

Welche Programme haben Sie für sich ausgearbeitet? Wie gehen Sie damit um, wo fühlen Sie sich im Lot? Das ist dringlich, dass wir unseren Körper im Griff haben. Wenn wir nicht aufpassen, kann es schnell geschehen, dass wir abrutschen. Davon gibt es bereits genug Leute. Burn-out als eines der großen Indikatoren. Herzinfarkt oder sogar einen Schlaganfall, als die krassesten zwei Varianten. Das muss nicht sein, wenn man auf einen gesunden, regelmäßigen Ausgleich achtet.

Wann kommen Sie in die totale Entspannung

Welches sind die Parameter, die Sie in die totale Entspannung bringen? Entspannung und damit auch seelischer Ausgleich ist durchs nichts zu ersetzen. Wenn Sie das in Symbiose bekommen, haben Sie es gepackt. Beachten Sie dabei folgendes, es reicht nicht aus, eine Entscheidung zu fällen und dann ist es für alle ewigen Zeiten in Ordnung. Es wird sich täglich verändern und deswegen ist es Ihre Aufgabe, Tag für Tag daran zu arbeiten, dass Sie Ihre Ideallinie für sich haben und auch leben.

Anspannung und Entspannung

Es ist so wundervoll, denn es gibt nichts Langweiligeres, als zum Beispiel nur in der Entspannung zu leben. Da fehlt die richtige und große Lebensfreude. Diese kann sich nur entfalten, wenn man sich selbst fordert, sonst bleibt alles eine reine Farce. Von Erfolg zu Erfolg zu eilen, macht glücklich und zufrieden, wenn man dabei auch auf die Entspannung achtet.

Dankbarkeit als eine riesige Hauptquelle

Auch hier gehen wir nochmals kurz in die so wichtige Wiederholung. Ohne Dankbarkeit verliert das Leben viel an Inhalt und Qualität. Dabei ist es so leicht und kostet noch nicht einmal etwas. Wenn man sich dessen bewusst ist, ergibt sich daraus ein geebneter Weg, um es konsequent umzusetzen, nicht nur ab und an, sondern tagtäglich. Wenn man in der Dankbarkeit lebt, schöpft man eine immense Kraft für sein Leben.

Kraft aus der Dankbarkeit schöpfen

Das wissen leider die wenigsten Leute. Fangen Sie heute noch damit an. Hierbei gehen Sie am besten gleich in die Schriftlichkeit. Kaufen Sie sich ein edles, kleines Dankbarkeitsbuch. Notieren Sie täglich Ihre Dankbarkeitspunkte. Derer gibt es sehr viele, nur sind wir uns dessen nicht bewusst, da wir alles als selbstverständlich ansehen. Zum Beispiel Dankbarkeit für Ihr Dasein, für die Arbeit, dass Sie gesund sind, zu essen haben, nicht frieren müssen und viele weitere Punkte.

Täglich kommen neue Punkte hinzu. Denn jeden Tag gibt es Begebenheiten, worüber man dankbar sein sollte. So ergibt sich im Laufe der Zeit eine wunderbare Sammlung. Es gibt kein „Genug an Dankbarkeit“ es ist eine wichtige Tugend. Gewöhnen Sie es sich an dankbar zu sein, und Sie finden ein großes Glücksgefühl. Dankbarkeit an und für das geschenkte Leben, ist das große, wichtige Dauerthema.

Danke für alles

Für die Erkenntnisse, die Kraft die Dinge klar zu sehen, zu erkennen und dazu bereit sein, in die dringliche Veränderung zu gehen. Welch ein wunderbares und tief greifendes Gefühl für sich selbst. Das Bewusstsein zu haben, dass einem alles gegeben ist, wenn man es nur zulässt. Danke für die Kraft und Power, die Sie in sich verspüren und die nur auf ihre endgültige Entfaltung wartet. Danke für die nicht selbstverständliche Gesundheit. Das sind doch die wahrlich erhabenen Momente im Leben eines jeden einzelnen Menschen.

Abschlusswort

Lieber Leser,

danke, dass Sie mich bis hierher begleitet haben und die Aufgaben sofort erledigt haben. Jetzt liegt es an Ihnen, was Sie mit den Inputs anfangen, und sich zu eigen machen. Letztlich sind es wie immer kleine Bausteine, die das große Ganze ausmachen werden. Stück für Stück sich weiter entlang zu hangeln, ist wundervoll. Immer in der Gewissheit, dass Lernen stets das Richtige ist. Lassen Sie sich bitte niemals wieder beirren. Ziehen Sie alles konsequent durch.

Seien Sie der Designer Ihres Lebens. Dies ist wichtig, denn Sie dürfen nie mehr zulassen, dass Sie noch eine einzige freudlose Minute in Ihrem Leben haben. Wenn Sie merken, dass es nicht so ist, wie Sie es sich vorstellen, lassen Sie sich coachen, holen Sie sich Hilfe. Dies ist legitim, denn es gibt keinen Sinn, sich zu quälen. Man kann nicht alles alleine machen und durch die Hilfe eines Coachs ersparen Sie sich viele Fehler auf Ihrem Lebensweg. Was das kostet, höre ich jetzt den Aufschrei, aber ist es nicht teuerer, Lehrgeld zu bezahlen?

Zum Schluss habe ich jetzt ein lachendes und weinendes Auge. Ein weinendes Auge, weil es zu Ende ist, das Buchwerk ist vollendet. Ein lachendes Auge, weil ich weiß, Erfolgreiche sehen sich wieder. Sei es auf einem Seminar, einem Event von uns oder sonst wo.

Nochmals ein großes Dankeschön an Sie, meine lieben Leser, dass Sie mich bis zum Schluss begleitet haben.

Herzlichst

Ihr Ernst Crameri

Meine und unsere Dienstleistungen

Da ich der Meinung bin, dass das Leben spannend und aufregend ist, habe ich mich nie mit einer einzigen Sache begnügt. Ich wollte immer wesentlich mehr tun und haben. Ein Mensch hat unendliche Fähigkeiten, darum gilt die Theorie von „Schuster bleib bei deinen Leisten" schon lange nicht mehr. Vergessen Sie das, und man den erlernten Beruf beibehalten sollte, ist auch ein Ammenmärchen. Das Leben ist vielseitig und spannend, wenn wir etwas daraus machen. Deshalb freue ich mich sehr, Ihnen die verschiedensten Dienstleistungen vorzustellen. Gemeinsam mit meinem Team ist es unser Anliegen, Sie in Ihrer Weiterentwicklung zu unterstützen, Sie zu verwöhnen und dazu beizutragen, dass Sie ein wundervolles Leben auf Erden führen können.

Hier die Dienstleistungen nach alphabetischer Reihenfolge
Wählen Sie aus dem großen Leistungsspektrum und fragen Sie nach den Konditionen. Gerne sind wir für Sie da und beantworten Ihnen alle Fragen, denn glückliche und begeisterte Kunden sind unser Ziel.

- Bücher
- Einzelbehandlungen (Fitness/Wellness/Schönheit)
- Erfolgsproduzent und -coachings
- Events
- Hoteltesting
- Hörbücher
- Mystery X Tests
- Naturkosmetik-Produkte
- Privat-Jet
- Reisen

- Schönheitsfarm
- Seminare
- Vorträge

Bücher schreiben

Sie erhalten von uns Bücher, zu den verschiedensten Themen, rund um das Leben. Ebenso bieten wir Ihnen das Ghostwriting an. Das heißt, wir schreiben mit Ihnen und für Sie Ihr Buch. Ganz wichtig für Unternehmer, denn ein eigenes Buch schafft eine wunderbare Reputation. Wenn Sie ein neues Produkt auf den Markt bringen, ist es ideal, wenn Sie das passende Buch dazu anbieten. Als Fachmann zeigen Sie durch ein eigenes Buch eine hohe soziale Kompetenz.

Unsere Kunden, die sich von der Masse der Mitbewerber abheben wollen und damit einen anderen Nimbus erhalten. **Ärzte,** die ihre spezielle Behandlung publizieren. **Hotels,** die über ihr Haus mit besonderen Eigenheiten berichten. **IT-Firmen,** die etwas Neues entwickelt haben, weitere Firmen, quer durch alle Branchen und natürlich Privatpersonen.

Wieso Ernst Crameri: Weil er zurzeit bereits 63 Bücher geschrieben hat und weitere folgen. Weil er weiß, wie es in der Branche abgeht, welche besonderen Kenntnisse erforderlich sind, ein Buch zu schreiben und zum Erfolg zu bringen.

Einzelbehandlungen (Fitness/Wellness/Schönheit)

Wir leben nur ein Mal und unseren Körper nennt man auch den Tempel, in dem die Seele und der Geist wohnt. Damit der Organismus lange auf einem hohen Level funktioniert, ist es dringlich, dass wir ihn pflegen, für ihn da sind. Bei uns erhalten Sie Behandlungen von Kopf bis Fuß. Von intensiver Massage, über fernöstliche Behandlungen und den verschiedensten Spezialanwendungen. Näheres auf der Webseite www.wellness-einzelbehandlungen.de.

Unsere Kunden sind Menschen, die mehr für sich tun wollen. Den Zeitgeist klar erkannt haben, wie wichtig es ist, dass man sich behandeln und pflegen lässt. Vom jungen Menschen, bis hin ins höchste Alter hinein. Männer wie Frauen, die sich verwöhnen lassen.

Wieso Ernst Crameri: Weil er aufgrund der 39-jährigen Erfahrung einen riesigen Fundus an Wissen und Können mitbringt. Durch die Hotelberatungen und -tests weiß er auch, wie es läuft. Ein qualifiziertes Team an Behandlern wartet auf Sie.

Erfolgsproduzent – und coachings

Als Erfolgreicher ist eines wichtig, das Erfolgswissen weiter zu vermitteln und anderen Menschen zu helfen, zum Erfolg zu gelangen. Das ist in jeder Hinsicht eine wundervolle Aufgabe. Es gibt verschiedene Arten von Coachings, einmal vor Ort in den Firmen, dann am Telefon. Es geht mit täglichen und wöchentlichen Coachings los. Wenn eine Veränderung stattfinden soll, ist es dringlich, dass man dran bleibt. Denn die alten Gewohnheiten lassen sich nicht über Nacht über Bord werfen. Es ist stets ein längerer Prozess, ein Reifeprozess, der da stattfindet.

Wer sind die Kunden, von kleinen Kindern bis hin ins höchste Alter. Es sind einerseits Menschen, die die stärkende und beschleunigende Funktion des Coachings für ihre Entwicklung nutzen möchten oder Menschen, die Grundlegendes in ihrem Leben verändern möchten. Für die es so, wie bisher nicht mehr weiter gehen kann. Wichtig dabei ist der klare, eiserne Wille zur Veränderung. Von Einzelpersonen aus allen Schichten und Berufszweigen, bis hin zu großen Firmen.

Wieso Ernst Crameri: Weil er weiß, wie man aus Menschen Spitzenleistungen rausholt, diese mit einem Lachen und dennoch der nötigen Ernsthaftigkeit zum Erfolg führt. Erfolg ist kein Zufall, sondern planbar.

Events

Wir organisieren große Events, für die verschiedensten Veranstalter. Dabei übernehmen wir die komplette Dienstleistung der Lokationssuche, bis hin zum Catering und kompletten Handling, damit die Veranstaltung reibungslos abläuft. Unsere Erfahrung beruht auf der Organisation von vielen eigenen, wie auch Kunden-Events in der gesamten Welt. Viele Firmen vertrauen uns und lassen für ihre besten Mitarbeiter Incentives ausrichten.

Wer sind unsere Kunden, Firmen und Seminarveranstalter, die das Handling einem Profi überlassen. Genauso wie Einzelpersonen, die ein außergewöhnliches Fest, wie zum Beispiel Hochzeit, Geburtstag oder sonstige Festivitäten ausrichten.

Wieso Ernst Crameri: Events zu organisieren erfordert einen riesigen logistischen Aufwand, es sind viele Parameter, die zusammen spielen, damit es reibungslos über die Bühne geht. Ein qualifiziertes Team steht Ihnen mit Ernst Crameri während der Veranstaltung vor Ort zur Verfügung und managt den gesamten Ablauf.

Hotel- und Schiffstesting

Es gibt viele Hotels und auch Schiffe, die leider manchmal noch nicht ihre Performance erreicht haben. Sehr oft stimmt die Hardware komplett, jedoch die Software passt nicht. Beim Team, angefangen von der Direktion bis hin in die einzelnen Abteilungen, da klemmt es oft.

Wer sind unsere Kunden, von kleinen Hotels und Schiffen, bis hin zu großen Hotelketten und Reedereien. Alle Dienstleister, die bereit sind, eine höhere Wertschätzung den Kunden, den Gästen gegenüber aufzubringen und das Gast-Dasein auch entsprechend zelebrieren.

Wieso Ernst Crameri: Weil er 80% seiner Zeit on the way ist und dies fast immer in Hotels. Das hat ihn dazu bewogen, das Buch „Servicewüste Hotels“ vollgepackt mit Tipps und Know-how.

Hörbücher

Hörbücher als wunderbares Instrument, für die Fort- und Weiterbildung. Ideal beim Autofahren, als sogenannte rollende Universität, um neues Wissen zu erlangen. Ebenso beim Sport und auch im Alltag einsetzbar.

Wer sind die Kunden, von der Einzelperson bis hin zu Firmen, die für ihre Mitarbeiter die Hörbücher bestellen und verschenken. Oder sogar als Pflichtprogramm für das eigene Team einsetzen. Nur wer permanent trainiert, hat Erfolg.

Wieso Ernst Crameri: Weil er mit seiner Sprache voller Begeisterung, die Leute motivieren kann. Die Sprache und Ausdrucksweise muss fesselnd sein und die Zuhörer begeistern. Es muss im Gegenüber etwas ausgelöst werden. Ein sich Wiederfinden, um in die Umsetzung zu gelangen. Umso hilfreicher, wenn es in einer Sprache geschieht, die den Menschen eigen ist, keine hochakademischen Worthülsen, sondern Kommunikation auf Augenhöhe.

Mystery X Tests

Als Kunde in Geschäfte gehen und einkaufen, den Service, die komplette Dienstleistung zu überprüfen, um nachher die positiven wie negativen Seiten mit der Geschäftsleitung und dem Team zu analysieren. Danach in die Veränderung zu gehen, durch Training vor Ort.

Wer sind die Kunden, jeder der ein Geschäft hat und auf Servicequalität und Kundenzufriedenheit großen Wert legt. Denn die heutige Konkurrenzsituation ist riesig, wenn ein Kunde nicht zufrieden ist, geht er gleich. Dies gilt es zu vermeiden, und für die Kunden stets die allerbeste Leistung zu bieten.

Wieso Ernst Crameri: Weil er die Zusammenhänge schnell erkennt und die Firmen wieder in den positiven Mehrwertbereich für die Kunden führt. Jede Firma hat sogenannte Leichen im Keller, aber auch Goldadern. Erstere gilt es zu eliminieren und die Goldadern zu bergen, um Erfolg auf der ganzen Linie zu haben.

Naturkosmetik-Produkte

Herstellung und Vertrieb der eigenen Crameri-Naturkosmetik-Produktelinie, seit über 27 Jahren. Kein riesiges Sortiment, sondern ein straffes und hochkarätiges, für jeden Hauttyp. Spannend auch als White-Labeling, die Produkte erhalten das Etikett des Kunden und sind somit seine eigene Produktlinie.

Wer sind die Kunden, der Endverbraucher, welcher jeden Monat die Produkte für den persönlichen Bedarf bezieht. Schönheitsfarmen, Kosmetikstudios, Friseure, Masseure, Physiotherapeuten, Farb- und Stilberaterinnen, Fußpfleger, Fachgeschäfte und Hotels beziehen die Produkte. Bei White-Labeling handelt es sich um dieselben Kunden.

Wieso Ernst Crameri: Weil die Firma Crameri-Naturkosmetik GmbH seit 39 Jahren erfolgreich auf dem Markt ist, und Sie in ihr eien zuverlässigen Partner haben. Von der Produktion bis hin zur Vermarktung.

Privat-Jet

Ein absoluter Traum, in den Privat-Jet einzusteigen und dies ohne lange Kontrollen und Warten. Die Maschine steht bereit, die Triebwerke angemacht, Sie fahren an und wenige Minuten später befindet sich der Jet bereits in der Luft. Schneller und bequemer geht es nicht.

Wer sind die Kunden, Einzelpersonen, die schnell von A nach B müssen. Skiflüge nach St Moritz, zum Autorennen nach Monte Carlo, nach Sylt und weitere spannende Flüge. Firmen, die ihre besten Kunden oder Mitarbeiter zu einem Incentive einladen. Auch Privatpersonen, die das Besondere lieben.

Wieso Ernst Crameri: Weil die Firma seit über 29 Jahren in diesem Metier vertreten ist. Ernst Crameri ist in der Regel stets persönlich dabei und betreut die Gäste vor Ort.

Reisen

In die gesamte Welt, am meisten Kreuzfahrten auf Flussschiffen und auf den Weltmeeren. Mit wunderbaren Rahmenprogrammen, wie besonderen Ausflügen, Vorträgen und Seminaren. Ebenso exklusive 5* Hotels, auf der ganzen Welt.

Wer sind die Kunden, Einzelpersonen, die gerne auf den Events dabei sind und Firmen, die Incentivereisen für ihr Team und ihre Kunden durchführen. Die besondere Belohnung für außergewöhnliche Menschen.

Wieso Ernst Crameri: Weil er die schönsten und besten Schiffe persönlich kennt. Bei den Reisen meistens selbst dabei ist, sodass der direkte Kontakt gegeben ist. Und wenn er nicht dabei ist, gibt es perfekte Betreuung durch sein qualifiziertes Team.

Schönheitsfarm

Naturkosmetik-Schönheitsfarm, mit ganzheitlichen Behandlungen von Kopf bis Fuß. Damit Sie sich richtig schön verwöhnen und die Seele baumeln lassen können.

Wer sind die Kunden, Frauen, die sich etwas Besonderes gönnen und Männer. Diese sind immer stärker auf dem Vormarsch. Einzelpersonen buchen, genauso wie Frauen die ihre beste Freundin oder Mutter mitbringen, bis hin zu Vereinen und Firmen. Männer, die aufs Seminar kommen und die Frauen werden in der Zeit verwöhnt.
Wieso Crameri-Naturkosmetik: Seit 39 Jahren auf diesem Markt und auch in der Ausbildung im Beauty&Wellnessbereich tätig. Ein hoch qualifiziertes Team wartet auf die Gäste.

Seminare

Zum Thema Erfolg und alles, was damit zusammenhängt, ganzheitliche Rhetorik, Erfolgsdenken, Geldseminare, Ausbildungen zum Beauty&Wellness-Spezialisten, Erfolg im Internet, Social Media und vieles mehr.

Wer sind die Kunden, Einzelpersonen, die sich fort- und weiterbilden möchten. Firmen, die ihr Team zum Training und zur Ausbildung schicken.

Wieso Ernst Crameri: Durch Tausende von Schulungen und Seminaren, Top im Training und stets auf dem Laufenden. Ferner Mitglied bei der GSA, German Speakers Assoziation. Mit großer Leidenschaft und Begeisterung auf vielen Veranstaltungen dabei.

Vorträge

Spannende und fesselnde Vorträge vor kleinem und großem Publikum. Vorträge zu den verschiedensten Themen rund um das Thema Erfolg, Durchhaltevermögen, Zielsetzung, Lebenswerke und zum kompletten Persönlichkeits-Thema.

Wer sind die Kunden, Organisationen, die ihn engagieren, Verbände, Vereine und Firmen. All jene, die Idee, Gedanken, Innovationen zulassen und die Veränderung im heutigen Zeitalter bewirken möchten. Die den Weg schaffen wollen, in eine Welt des Erfolges. Ebenso offene Seminare, die von Ernst Crameri direkt durchgeführt werden.

Wieso Ernst Crameri: Durch die brillante Sprache und Ausdrucksweise, ein fesselnder Redner, welcher das Publikum begeistert. Sein Schweizer Akzent und Humor begeistert die Zuhörer im In- und Ausland. Vorträge in Rätoromanisch, Italienisch, Französisch, Hochdeutsch und Schweizer Deutsch.

Bei Fragen wenden Sie sich bitte direkt an

Crameri-Naturkosmetik GmbH
Mannheimerstr. 11b
67098 Bad Dürkheim
Tel. 0049-6322-5734
Fax 0049-6322-66071
E-Mail: Sekretariat info@crameri.de
Geschäftsleitung: gn@crameri.de
Website: www.crameri.de

Ein Auszug aus unseren Werken

Ein Millionär als Traumpartner

ISBN: 978-3-86689-000-8
19,80 € (D)

Fange endlich an zu leben

ISBN: 978-3-86689-001-5
19,80 € (D)

Wahrheit und Klarheit im Kosmetik- und Wellness-Institut

ISBN: 978-3-86689-002-2
19,80 € (D)

Horror - Eingewachsene Zehennägel

ISBN: 978-3-86689-003-9
19,80 € (D)

Gib niemals auf, sei kein Verlierer

ISBN: 978-3-86689-008-4
19,80 € (D)

Bist du ein Mörder?

ISBN: 978-3-86689-004-6
19,80 € (D)

Bist du ein Huhn oder ein Adler

ISBN: 978-3-86689-018-3
19,80 € (D)

Der unendliche Schmerz der Verlassenen

ISBN: 978-3-86689-009-1
19,80 € (D)

Servicewüste Hotels

ISBN: 978-3-86689-010-7
29,80 € (D)

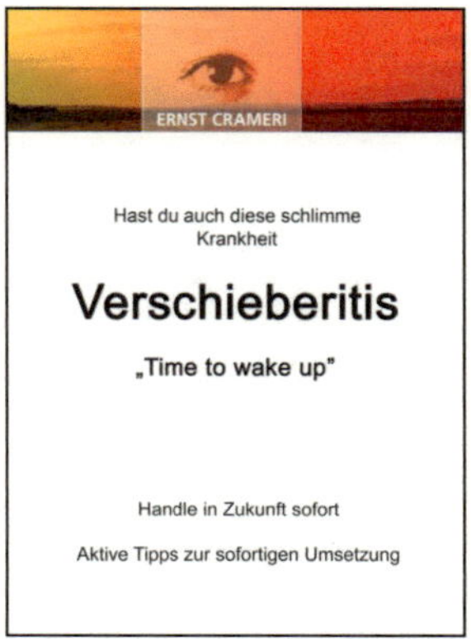

Hast du auch diese schlimme Krankheit - Verschieberitis

ISBN: 978-3-86689-005-3
24,80 € (D)

Wieso hast Du so wenig Durchhaltevermögen

ISBN: 978-3-86689-006-0
19,80 € (D)

Höre endlich auf zu jammern

ISBN: 978-3-86689-022-0
19,80 € (D)

Sage endlich was Du willst, damit Du das bekommst, was Du willst

ISBN: 978-3-86689-014-5
19,80 € (D)

Sprich nie mehr negativ

ISBN: 978-3-86689-013-8
19,80 € (D)

Die 20 Erfolgsverhinderer

ISBN: 978-3-86689-021-3
24,80 € (D)

Vita von Ernst Crameri

Ernst Crameri erblickte im Oktober 1959 in St. Moritz (Schweiz) das Licht der Welt. Er wuchs in einem einfachen Elternhaus auf. Als kleines Kind machte er meist das Gegenteil von dem, was von ihm erwartet wurde. Im Kindergarten und der Schule ging es oft rund. Als Heranwachsender machte er jeden Streich mit, und durfte dafür an freien Nachmittagen im Sommer Rasen mähen und im Winter zum Schneeschaufeln auf dem Schulhof antreten.

Sein Traum war, ein Leben im Reichtum. Prägend waren vier Schlüsselerlebnisse. Im Winter wollte er neue Skier und einen Skipass. Sein Vater konnte nicht beides kaufen. Da ging er mittags nach der Schule in ein Kohle/Holzlager. Dort schaufelte er Kohle und stapelte Holz. Dadurch konnte er sich mit 12 Jahren einiges leisten. Dieses Gefühl der Freiheit war für ihn gigantisch. Das zweite Erlebnis war in der Schule, wenn es galt einen 2 bis 3-seitigen Aufsatz zu verfassen. Er fand das super, und so wurden es meist Werke mit über 30 Seiten. Diese Aufsätze wurden vorgelesen und prämiert.

Sein Traum war Koch zu werden und so schickte ihn sein Vater nach Lenzerheide, zu einem Cousin, der einen Hotelbetrieb führte, in die Schnupperlehre. Gleich musste er als Koch einspringen und die Schikanen nahmen täglich zu. Als er das Zimmer mit weiteren Mitarbeitern teilen musste und sein erster Lohn aus dem Zimmer gestohlen wurde, ging es den Berg runter.

Sein Vater war begeistert, dass die Verwandtschaft aus Ernst einen lebensgerechten Menschen formt, ganz nach seinem Geschmack. Die Mutter war den Tränen nahe, als ihr Sohn die Lehre aufgab. Ernst griff zur äußersten Maßnahme und legte sich beim Unterricht mit dem Rektor an. Er flog im hohen Bogen von der Schule und damit war automatisch das Thema Kochausbildung beendet. Dies war das dritte Schlüsselerlebnis.

Danach begann er in St. Moritz in einem Sportgeschäft eine Lehre als Kaufmann. Der zweite Tag, kurz vor Feierabend brachte den Durchbruch. Da kam eine südamerikanische Familie ins Geschäft. (12 Personen) Das Oberhaupt sagte einen einprägsamen Satz „We need only the best“ das kannte er bisher nicht. Nach gut einer Stunde war der Einkauf beendet und Ernst durfte an der Kasse eintippen, da stand die Zahl von CHF 128.000,00. Der Chef fragte ihn „Was schaust du so?“ Er zeigte auf die Kasse und da meinte der Inhaber „Daran wirst du dich gewöhnen!“

Das war für ihn eine neue Welt. Kurz darauf kam der Skilehrer, der die Familie gebracht hatte, ins Geschäft und bekam CHF 12.800,00 für die Vermittlung. In dem Moment war für Ernst klar, dass er den Weg gehen wird. Nach der Lehre verließ er das Sportgeschäft. Im Winter war es klar, den Weg als Skilehrer zu gehen. Die Überbrückung war das Thema, also was tun im Sommer und so arbeitete er eine Zeit lang als Hilfsarbeiter bei einer Dachdeckerei. Es war nicht der Traumjob, er brauchte aber Geld und damit wieder Unabhängigkeit. Der Versuch als Tennislehrer oder Golflehrer tätig zu sein, war von kurzer Dauer. Er heuerte bei einer Baufirma an. Wenige Tage später stellte ihm jemand ein Bein, obwohl niemand in seiner Nähe war und er rutschte den Hang herunter. Notarzt, Intensivstation und Therapie. Er ging ins Hallenbad zur Therapie. Dort freundete er sich mit einem der Therapeuten an und fand Gefallen an dieser Arbeit.

Er ließ sich zum Masseur und Therapeuten ausbilden. Sein Traum war, auch Kosmetiker zu sein. Das war zur damaligen Zeit ein Ding der Unmöglichkeit. Die Schulen wollten von einem Mann nichts wissen. Ergo sprach er mit einer Kosmetikerin und machte mit ihr ein Geschäft, sie bekommt regelmäßig Massagen und bildet ihn dafür zum Kosmetiker aus. Ernst war immer sehr schnell lösungsorientiert.

Im Winter war er als Skilehrer tätig. Morgens vor Skibeginn, fuhr er mit seiner tragbaren Massageliege von Villa zu Villa, von Hotel zu Hotel. Danach den Tag über Skiunterricht und abends wieder Massagen und Kosmetikbehandlungen.

Danach als Discjockey, bis frühmorgens. Kurz ins Bett und dann ging es wieder von vorne los. Im Sommer besuchte er seine Gäste im In- und Ausland. Abgeholt von Privatjets, auf Jachten, in Villen. Da verliebte er sich in die Tochter eines Industrieellen. Das fand der Vater nicht so gut. Einen Tag später musste er die Villa verlassen, das war ein herber Schlag in seinem vermeintlichen Erfolgsleben.

Dadurch verstand er, dass man nur reich ist, wenn man das Geld auch selbst in den Händen hält. Als Masseur, Kosmetiker, Skilehrer und Discjockey hatte er ein vierfaches Einkommen. Entsprach aber nie dem Einkommen seiner Gäste, die ihn als Skilehrer zum Beispiel zum Mittagessen einluden. Das kostete gleich mal CHF 600,00, und wenn er als Skilehrer essen ging, waren es gerade CHF 8,00! CHF 800,00 waren sein Monatslohn, das hat ihn sehr beschäftigt.

Für den Sommer hatte er für Australien einen Vertrag als Austauschskilehrer in der Tasche. In der letzten Woche lernte er eine Frau aus Deutschland kennen, die später seine Ehefrau wurde. Er hat es nicht übers Herz gebracht, wegzufliegen und stornierte den Vertrag. Er pendelte einige Jahre zwischen Deutschland und der Schweiz hin und her. Da er nicht als Angestellter arbeiten wollte, startete er mit der Selbstständigkeit als Masseur/Kosmetiker. Um überhaupt Fuß zu fassen, lief er von Haustüre zu Haustüre und klingelte. Ab und an ließ ihn jemand herein und so baute er sich einen kleinen Kundenstamm auf. Um sich stärker zu etablieren, engagierte er sich als Dozent an der Volkshochschule, beim Hausfrauenbund, bei Vereinen/Verbänden. Dadurch gelangte es ihm schnell, sich einen soliden Kundenstamm aufzubauen.

Später kam ein Haus der Schönheit hinzu, die ersten Schönheitsfarmen, eine eigene Naturkosmetik-Produktelinie. Permanente Fort- und Weiterbildungen im In- und Ausland. Er hat in der Schweiz die Chance erhalten, als Referent und Ausbilder für Gesundheitsberufe tätig zu sein. Das machte ihm viel Spaß vor Menschen zu stehen und sie zu lehren. Immer mehr Coachings kamen dazu, Trainings, Seminare und so baute er verschiedene Geschäftszweige auf. Sein größter Wunsch ist dank ganz viel Fleiß und Durchhaltevermögen in Erfüllung gegangen, für andere Menschen da zu sein und ihnen den Weg des Erfolges zu zeigen. Mit zurzeit über 63 Büchern, circa 200 Seminartagen und unzähligen Coachings ist er für die Menschen da. Sein großes Credo „Es gibt ein Leben vor dem Tod!“